Antoni
Clavé

Photogrammes **Fotogrames**

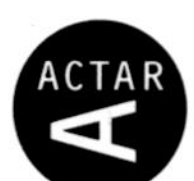

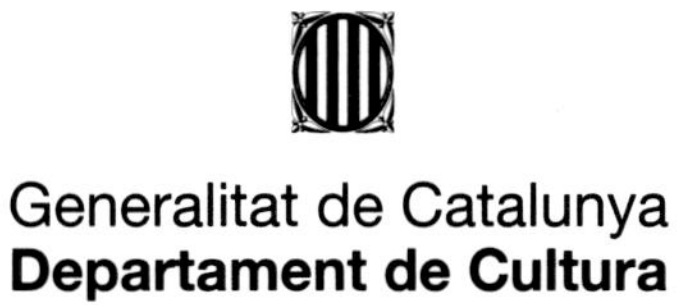

Generalitat de Catalunya
Departament de Cultura

9a Primavera Fotogràfica 1998

ORGANITZACIÓ
ORGANISATION

Generalitat de Catalunya
Departament de Cultura
Direcció General de Promoció Cultural
Arts Plàstiques

Conseller de Cultura
Hble. Sr. Joan Maria Pujals i Vallvè

Secretària General
Aurora Sanz i Manrique

Director General de Promoció Cultural
Vicenç Villatoro i Lamolla

Director de la Secretaria de Relacions Culturals
Vicenç Llorca i Berrocal

Delegat d'Arts Plàstiques
Josep-Miquel Garcia

Direcció *Direction*
David Balsells

Coordinació i comunicació
Coordination et communication
Josep Rigol

Documentació i bases de dades
Documentation et banque de données
Josep M. Xaus

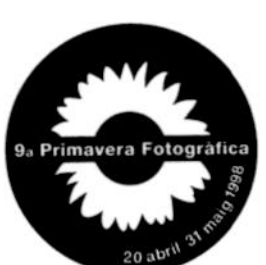

Amb la col·laboració de
Avec la collaboration de

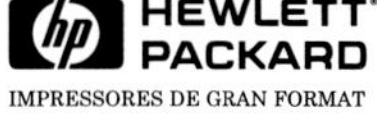

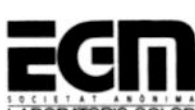
IMPRESSORES DE GRAN FORMAT

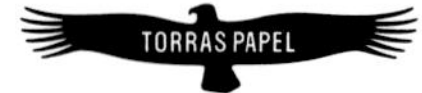

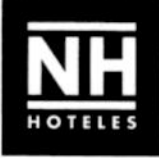

EXPOSICIÓ I CATÀLEG
EXPOSITION ET CATALOGUE

Comissariat
Josep Miquel Garcia

Coordinació *Coordination*
Conxita Oliver

Textos catàleg *Textes catalogue*
Joan Maria Pujals
Josep Miquel Garcia

Traduccions *Traductions*
Interlingua
John Stone
Javier Sánchez

Disseny d'exposició
Architecture et mise en espace
Josep Clavé

Muntatge *Montage*
Jordi Tolosa

Catàleg *Catalogue*
Coedició *Coédition*
Actar
Generalitat de Catalunya

Disseny gràfic *Conception graphique*
Ramon Prat
Rosa Lladó

Reproduccions fotogràfiques
Reproductions photographiques
Jaume Blassi

Producció *Production*
Font i Prat Associats, S.L.

Impressió *Impression*
Ingoprint S. A.
Maracaibo, 15. Barcelona

Distribució *Distribution*
Actar
Roca i Batlle 2 08023 Barcelona
Tel. 93 418 77 59 Fax 418 67 07
arquitec@actar.es www.actar.es

D. L. B-17595-98

ISBN 84-89698-86-4 (Actar)
ISBN 84-393-4487-2 (Generalitat de Catalunya)

Fotografia de la coberta
Photographie de la couverture
Fotograma, 1979 (fragment)

© dels textos els respectius autors
© des textes les respectifs auteurs
© de les imatges, Antoni Clavé
© des images, Antoni Clavé

Amb la col·laboració de
Avec la collaboration de
la Diputació de Tarragona

Volem agrair la col·laboració de
Nous voulons remercier la collaboration de
la Sala Joan Gaspar

A n t o n i

Clavé

abril - maig 1998
avril - mai 1998
Centre d'Art Santa Mònica
Rambla de Santa Mònica, 7
Barcelona

novembre - desembre 1998
novembre - décembre 1998
Centre d'Études Catalanes
9, Rue Sainte Croix de la Bretonnerie
Paris

febrer *février* - març *mars* 1999
février - mars 1999
Museu d'Art Modern
Santa Anna, 8
Tarragona

Antoni Clavé i Sanmartí, Medalla d'Or de la Generalitat de Catalunya (1984) és un
dels creadors de l'art català contemporani amb una presència internacional més rellevant.
Amb vuitanta-cinc anys acabats de fer fa ben pocs dies, la seva obra singular posa de
manifest una joventut íntima constantment recreada, el mateix esperit enjogassat, la mateixa
ironia i el mateix lirisme que sempre l'han caracteritzat.
Ara ens sorprèn amb aquesta exposició de fotografies que presentem primer a Barcelona,
en el marc d'aquesta nova Primavera Fotogràfica, tot seguit a París, al Centre d'Études
Catalanes de la Sorbone, i finalment al Museu d'Art Modern de Tarragona. És un goig de
veure de quina manera, sigui en cartell, en tapís, en gravat, en escultura o pintura, un Clavé
és tothora, inconfusible, un Clavé. I com, ara, ho és també en fotografia.
Ja ho deia als anys vint, que van ser uns anys d'una creativitat prodigiosa, el gran crític
Waldemar George que va donar a conèixer a la revista "Formes" el breu assaig "Photographie
vision du monde": "Un home fotografia de la mateixa manera que pinta, de la mateixa
manera que esculpeix: amb els ulls de l'ànima."
Aquest home és ara Antoni Clavé, el català universal que ha plasmat en uns esplèndids
fotogrames allò que ell ha vist amb uns ulls que han buscat –i han trobat– la llum endins més
que no pas enfora.

JOAN MARIA PUJALS
Conseller de Cultura de la Generalitat de Catalunya

*Antoni Clavé i Sanmarti, Médaille d'Or du Gouvernement Autonome de la Catalogne (1984),
est un des créateurs de l'art catalan contemporain ayant une présence internationale les
plus importantes. A quatre-vingt-cinq ans, tout récemment fêtés, son œuvre singulière présente
une jeunesse intime recréée sans cesse, le même esprit joueur, la même ironie et le même
lyrisme qui l'ont toujours caractérisé. Maintenant, il nous surprend avec cette exposition de
photographies que nous présentons d'abord à Barcelone, dans le cadre de ce nouveau
Printemps Photographique puis, à Paris, au Centre d'Études Catalanes de la Sorbone
et finalement au Musu d'art Modern de Tarragona. C'est un plaisir de voir de quelle manière,
que ce soit à travers les affiches, les tapis, les gravures, les sculptures ou les peintures,
qu'un Clavé est toujours, sans aucune confusion possible, un Clavé. Comme maintenant il l'est
également en photographie.
Le grand critique Waldemar George le disait déjà dans les années vingt, années d'une
prodigieuse créativité, quand il a donné à la revue «Formes» le bref essai «Photographie vision
du monde» : «Un homme photographie de la même façon qu'il peint, de la même
façon qu'il sculpte : avec les yeux de l'âme».
Maintenant, cet homme est Antoni Clavé, le catalan universel, qui a projeté sur de splendides
photogrammes ce qu'il a vu avec des yeux qui ont cherché – et qui ont trouvé – la lumière
intérieure plus que celle de l'extérieur.*

JOAN MARIA PUJALS
Ministre de la Culture du Gouvernement Autonome de la Catalogne

Le jour où André Villers lui montra la technique des photogrammes, Clavé ne connaissait pas la tradition et l'histoire de ce procédé, que les théoriciens de la photographie de la fin du siècle considéraient comme un divertissement ou une extravagance fantastique et que les scientifiques voyaient comme utilité radiographique. Le développement conceptuel que Moholy-Nagy avait également expérimenté comme une méthode qui dévoilait l'inconscient optique d'un nouveau regard objectif qui permettait d'obtenir des images inaccessibles à l'œil humain, des compositions de lumière que permettait une métaphysique dans sa pureté ou des structures autoréférentielles magiques. Plus près du bagage dadaïste que constructiviste. Clavé connectait, sans le savoir, avec les «champs délicieux» de Man Ray, avec l'apport que le hasard projettait à travers ses «rayogrammes». Le hasard imprégnait, une fois de plus, l'atelier de l'artiste d'une incitation à s'introduire dans sa propriété et dans son territoire.

El dia que André Villers va mostrar-li la tècnica dels fotogrames, Clavé desconeixia la tradició i la història d'aquest procediment, que els teòrics de la fotografia finisecular assignaven a la categoria de divertiment o d'extravagància fantàstica, o els científics a la utilitat radiogràfica. També el desenvolupament conceptual que Moholy-Nagy havia experimentat com un mètode que desvetllava l'inconscient òptic d'una nova mirada objectiva que permetia obtenir imatges inaccessibles a l'ull humà, composicions de llum que en permetien una metafísica en la seva puresa, o estructures autorreferencials màgiques. Més a prop del bagatge dadaïsta que constructivista, Clavé connectava, sense saber-ho, amb "les champs délicieux" de Man Ray, amb l'aportació que l'atzar albirava a través dels seus "rayogrammes". Una vegada més, l'atzar impregnava el taller de l'artista d'una incitació a endinsar-se en la seva propietat i en el seu territori.

L'INSTANT INDIVIDUEL L'INSTANT INDIVIDUAL

Josep Miquel Garcia

Il fondait le chemin dans l'accident et dans l'inconnu, il ouvrait les portes à une expérience qui l'avait toujours passionné. L'incertitude liée à la curiosité. Photographier sans appareil ni négatif. La méthode de travail qu'avait utilisé Antoni Clavé en tant que peintre répondait à un esprit interdisciplinaire, de recherche et d'expérimentation, qui va lui permettre de réaliser, depuis toujours, une approche prolifique également dans le domaine de la sculpture et du travail graphique et, maintenant, dans la photographie. En fait, la relation qu'il établit entre les techniques entraîne un enrichissement qui apporte thèmes et solutions de style dans un processus communicatif. Clavé ne différencie pas l'œuvre en fonction du procédé. Il se laisse aller par un esprit hétérodoxe et une investigation continue. Il a toujours agi ainsi, et c'est pour cela qu'il vit avec l'idée du «collage», du rajout. Du collage comme une somme d'idées et d'accidents qui se succèdent dans un espace donné et qui ajoutent le geste à la couleur et au

Fonamentava el camí en l'accident i en el desconegut, obria les portes a una experimentació que sempre l'havia apassionat. La incertesa lligada a la curiositat. Fotografiar sense càmera ni negatiu. El mètode de treball que Antoni Clavé havia utilitzat com a pintor responia a un esperit interdisciplinari, de recerca i experimentació, que li va permetre desenvolupar, des de sempre, una aproximació prolífica també en el camp de l'escultura i l'obra gràfica i, ara, la fotografia. De fet, la relació que estableix entre les tècniques provoca un enriquiment que aporta temes i solucions estilístiques en un procés comunicatiu. Clavé no diferencia l'obra en funció del procediment. Es deixa endur per un esperit heterodox i una investigació continuada. Sempre ho ha fet així i, per això, conviu tant amb la idea del collage, de l'afegiment. Del collage com a suma d'idees i accidents que se

dessin, à ces graffitis avec lesquels il unifie et person-
nalise ses peintures, attirant l'attention sur le détail.

Ce procédé de peinture croit en l'accident, comme une
genèse de la composition, honorant la décrépitude
de la condition des matériels, tapis, cartons, journaux
ou emballages et en accentuant les textures et
l'utilisation d'une peinture gestuellement chromatique
de rouges et bleus, noirs et terres, qui dessinent aussi
bien le fond que les figures, natures mortes ou espaces
construits par accumulation de tons, lumières et
ombres, perspectives internes qui se compensent entre
elles, avec les équilibres de l'espace.

En 1979 et 1980, quand Clavé s'intéresse à la pratique
des photogrammes, il prend contact avec le travail
pictural sur la sensibilisation de la surface de ses
tableaux, qu'il avait déjà abordé en 1975, à travers une
technique de trompe l'œil qu'il appellerait «papiers
froissés», en référence à l'apparence froissée des toiles
et des papiers qui, une fois tendus, deviennent une
cosmogonie de lumières et d'ombres. L'œuvre
graphique de cette période met également en évidence
cette correspondance d'une découverte qui l'attire
tant, que ce soit le grand format des toiles qu'il peint,
les lithographies, même l'offset ou le fusain.

Clavé, c'est connu, travaille beaucoup avec le critère
des séries. Il découvre un thème, une iconographie ou
un détail, l'analyse et le transforme jusqu'à parvenir à
exprimer toutes ses variantes et ressemblances.

Il s'y introduit et l'enrichit, jusqu'à le faire sien et
l'ajouter à l'identification de son signe, et en fait style et
propriété. Cela va être le cas avec les «papiers froissés»
et avec les «instruments étranges» qu'il réalise
en 1976, un ensemble de gravures très proche de la
sculpture, avec des planches travaillées comme des
reliefs objectuels ou des collages constructifs,
avec des unions de bois de texture organique et des
équilibres réalisés avec des cordes et des clés.

Cette rencontre de tensions apportait une richesse
de qualités et une recherche de possibilités expressives
entre les veines du bois, les cercles des pointes qui
tenaient les cordes et les lignes de son parcours.

Son expérience dans le domaine de la gravure durant
ces années soixante dix était considérable.

Plus encore, quand on pense que Clavé réalise et suit

succeeixen en un espai donat i que afegeixen
el gest al color i al dibuix, a aquells graffiti amb el
quals unifica i personalitza les seves pintures,
cridant l'atenció sobre el detall.

Aquest procés del pintar creu en l'accident com a
gènesi de la composició, dignificant la decrepitud
de la condició dels materials, tapissos, cartrons,
diaris o embalatges i accentuant les textures i l'ús
d'una pintura gestualment cromàtica, de vermells
i blaus, negres i terres, que perfilen tant el fons
com les figures, natures mortes o espais construïts
per acumulació de tonalitats, llums i ombres,
perspectives internes que es compensen entre elles,
amb equilibris de l'espai.

La data de 1979 i 1980, quan Clavé s'interessa
per la pràctica dels fotogrames, connecta
amb l'experimentació del treball pictòric sobre la
sensibilització de la superfície dels seus quadres,
que havia desenvolupat ja el 1975, per mitjà d'una
tècnica d'engany visual que denominaria "papiers
froissés", en referència a l'aparença arrugada
de teles i papers que, un cop tensats, esdevenien
una cosmogonia de llums i ombres. L'obra gràfica
d'aquest període palesa també aquesta
correspondència d'una descoberta que l'atreu tant,
sigui en el gran format de les teles que pinta, com a
les litografies, l'offset fins i tot, o el carborúndum.

Clavé, és conegut, treballa molt sota el criteri de les
sèries. Descobreix un tema, una iconografia o un
detall i l'analitza i el transforma fins arribar a
expressar totes les seves variants i versemblances.

S'hi endinsa i l'enriqueix, fins a fer-lo seu i afegir-lo a
la identificació del seu signe, i en fa estil i propietat.

Així va ser amb els "papiers froissés" i amb els
"instruments étranges" que realitzà l'any 1976, un
conjunt d'obres gravades de proximitat escultòrica,
amb planxes treballades com relleus objectuals
o collages constructius, amb acoblaments de fustes
de textura orgànica, i equilibris realitzats amb
cordills i claus. Aquest encontre de tensions aportava
una riquesa de qualitats i una recerca de possibilitats
expressives entre les vetes de la fusta, els
cercles de les puntes que subjectaven els cordills i
les línies del seu recorregut.

*personnellement tout le processus de création des
planches et les premières épreuves estampées.
Cette technique n'est pas éloignée des photogrammes.
Habitué comme il l'était à plonger les planches dans
des cuvettes d'acides et à contrôler le temps nécessaire
pour trouver la proportion exacte de la qualité des
métaux ou des matériels divers avec lesquels il créait
les matrices de ses gravures, il n'était pas étrange
pour lui de manipuler des papiers – maintenant
photographiques – et des créations plastiques qu'il
contrastait avec la lumière.
La lumière, fondamentale et basique pour ses
photogrammes, correspondait maintenant à la couleur
blanche de ses gravures, à la réserve que le papier
calque apportait à la composition créée. Il faut avoir vu
la planche d'une gravure de Clavé pour pressentir
sa méthode de travail. Elles ressemblent souvent
vraiment à des œuvres originales et, dans certains cas,
comme dans la série des «Instruments Etranges»,
il les a transformées en pièces uniques, à caractère
sculptural-pictural. Ce rapport avec la construction des
planches devient fondamental pour comprendre
ses photogrammes. Clavé parvient à les comprendre
comme des «mono-types» et, pour les créer, il réalise
des matrices avec divers objets et des matériels
qu'il manipule et assemble jusqu'à les exposer à la
lumière et à la captation de leur image sur le papier.
Ces matrices, elles-mêmes, sont également des œuvres
originales ou des fragments auxquels il ajoute
un autre additif que seule lui permet la photographie :
dessiner avec la lumière. Cet instant individuel, dans
lequel l'impact lumineux arrête les images sur le
papier permettait, en outre, d'intervenir avec rapidité,
incorporant le geste expressif de l'artiste ou modifiant
les compositions, provoquant accidents et nouvelles
formes. Clavé se passionne pour savoir jusqu'où il peut
arriver par ce chemin.
Sa rencontre avec les photogrammes est passionnée.
Il utilise le temps à l'investigation jusqu'à ce qu'il
abandonne sa pratique. Il analyse de plein ce
territoire nouveau et, une fois dévoilé, il le garde dans
la mémoire de son atelier.
La série de photogrammes, limitée à seulement
soixante dix images, est restée jusqu'à cette exposition*

**La seva experiència en el camp de l'obra gravada
en aquells anys setantes era considerable.
Més encara quan es té present que Clavé realitza i
segueix personalment tot el procediment de creació
de les planxes i les primeres proves estampades.
Aquest domini tècnic no és lluny dels fotogrames.
Acostumat com estava a submergir les planxes dins
de cubetes d'àcids i controlar el temps necessari
per trobar la proporció exacta de la qualitat dels
metalls o dels materials diversos amb què creava les
matrius dels seus gravats, no li resultava gens
estrany manipular papers –ara fotogràfics– i creacions
plàstiques que contrastava a l'efecte de la llum.
La llum, fonamental i bàsica per als seus fotogrames,
corresponia ara al blanc dels seus gravats,
a la reserva que el paper calcogràfic aportava a la
composició creada.
Cal haver vist una planxa d'un gravat de Clavé per
intuir el seu mètode de treball. Sovint semblen
realment obres originals i, en alguns casos,
com en la sèrie dels "Instruments Étranges", les ha
transformades en peces úniques, de caràcter
esculto-pictòric. Aquesta convivència amb
la construcció de les planxes esdevé fonamental
per comprendre els seus fotogrames.
Clavé arriba a entendre'ls com a "monotips" i, per
crear-los, realitza matrius amb objectes diversos
i materials, que manipula i ensambla fins exposar-los
a la llum i a la captació de la seva imatge damunt
el paper. En si mateixes, aquestes matrius són també
obres originals o fragments, als quals afegeix
un additiu més que només la fotografia li permet:
dibuixar amb la llum. Aquest instant individual,
en què l'impacte lluminós atura les imatges damunt
el paper, permetia, a més, intervenir amb rapidesa,
incorporant el gest expressiu de l'artista o alterant
les composicions provocant accidents i noves
formes. Clavé s'hi apassiona per saber fins on pot
arribar per aquest camí.
El seu encontre amb els fotogrames és, si més no,
apassionat. Aplica el temps a la concentració
d'investigar-hi fins que abandona la seva pràctica.
Analitza de ple aquest territori nou i, una vegada
desvetllat, ho guarda a la memòria del seu taller.**

– qui est inédite – rangée avec d'autres travaux dans l'atelier. Qu'il la garde ne signifie pas qu'il l'oublie. Clavé accumule sans arrêt des idées et des projets qu'il préserve d'une maturation que le temps reprend par la suite pour les revitaliser et les revoir.

L'idée du dessin n'est pas éloignée des photogrammes. Une intervention monochrome, à échelle plus importante, plus à la portée d'une action immédiate. Vertueux comme est le dessin, il a toujours perdu afin que son domaine se manifeste d'une autre manière, équilibrant les textures et les taches là où le trait et le geste sont formulés avec exactitude et avec vraisemblance du hasard. Ces photogrammes sont des compositions dessinées avec la lumière, un mécanisme inconnu qui ouvre un champ d'expérimentation et d'incertitude.

Les photogrammes peuvent également préfigurer des «instruments» et des évocations de constructions avec des cordes tendues et des tissus tramés. Mais la photographie lui permet néanmoins d'élargir la gamme chromatique qui va du blanc au noir dans un spectre de définition magique, d'incertitude d'un résultat que le hasard ferme et fixe.

Les effets de ces exercices conservent, d'un côté, l'iconographie de ses peintures et gravures. Ils recréent des traces et des signes, des gants et des restes, des signes encerclés, des mains et des empreintes, des graffitis. Ils ouvrent également des chemins inattendus. Des orientations qu'il n'avait jamais essayées auparavant... Un traitement gestuel et de signes, de calligraphies picturales, comme si la trace de la lumière peignait en illuminant l'obscurité du noir intense, un goutte à goutte cosmologique de galaxies contrastées et de filets accentués et explosifs, plein d'expressivité et d'action. Une occupation de la surface picturale première, directe et inhabituelle, sans rectification possible, portant l'action à la limite de ses possibilités, tachant le fond par le contraste de la lumière peinte. Un Clavé expressionniste abstrait qui se manifeste de forme gestuelle sans les arguments des couleurs et des textures, qui se laisse emporter loin dans le dessin des lignes peintes sur un support qui congèle et arrête l'image, devenant photographie de la peinture et action représentée.

La sèrie de fotogrames, delimitada amb no més de setanta imatges, va restar fins a aquesta exposició –que resulta inèdita– encarpetada amb altres treballs a l'estudi. Que ho guardi no vol dir que ho oblidi. Clavé acumula constantment idees i projectes que preserva d'una maduració que el temps reprèn posteriorment, per revitalitzar-los i revisar-los. La idea del dibuix no és lluny dels fotogrames. Una intervenció monocroma, d'escala més dimensionada, més a l'abast d'una acció immediata. Virtuós com és del dibuix, ha maldat sempre per tal que aquest domini es manifesti d'una manera altra, equilibrant textures i taques allà on el traç i el gest es formulen amb exactitud i amb versemblança de l'atzar. Aquests fotogrames són composicions dibuixades amb la llum, un mecanisme desconegut que albira un camp d'experimentació i incertesa. Els fotogrames poden, també, prefigurar "instruments" i evocacions de construccions amb cordills tensats i teixits tramats. La fotografia li permet, però, ampliar la gamma cromàtica que va del blanc al negre en un punt espectral de definició màgica, d'incertesa d'un resultat que l'atzar clou i fixa. Els efectes d'aquests exercicis conserven, d'una banda, la iconografia de les seves pintures i gravats. Recreen superfícies amb rastres i senyals, guants i arestes, signes encerclats, mans i empremtes, graffitis. Obren també camins inesperats. Orientacions que abans mai no havia sondejat... Un tatxisme gestual i sígnic, de cal·ligrafies pictòriques, com si el rastre de la llum pintés il·luminant la foscor del negre intens, un degoteig cosmològic de galàxies contrastades i uns regalims accentuats i explosius, plens d'expressivitat i accionisme. Una ocupació de la superfície pictòrica primigènia, directa i inusual, sense rectificació possible, duent l'acció al límit de les seves possibilitats, tacant el fons pel contrast de la llum pintada. Un Clavé expressionista abstracte, que es manifesta gestual sense els arguments dels colors i les textures, que es deixa anar lluny en el dibuix de les línies pintades damunt d'un suport que congela i atura la imatge, esdevenint fotografia de la pintura i accionisme representat.

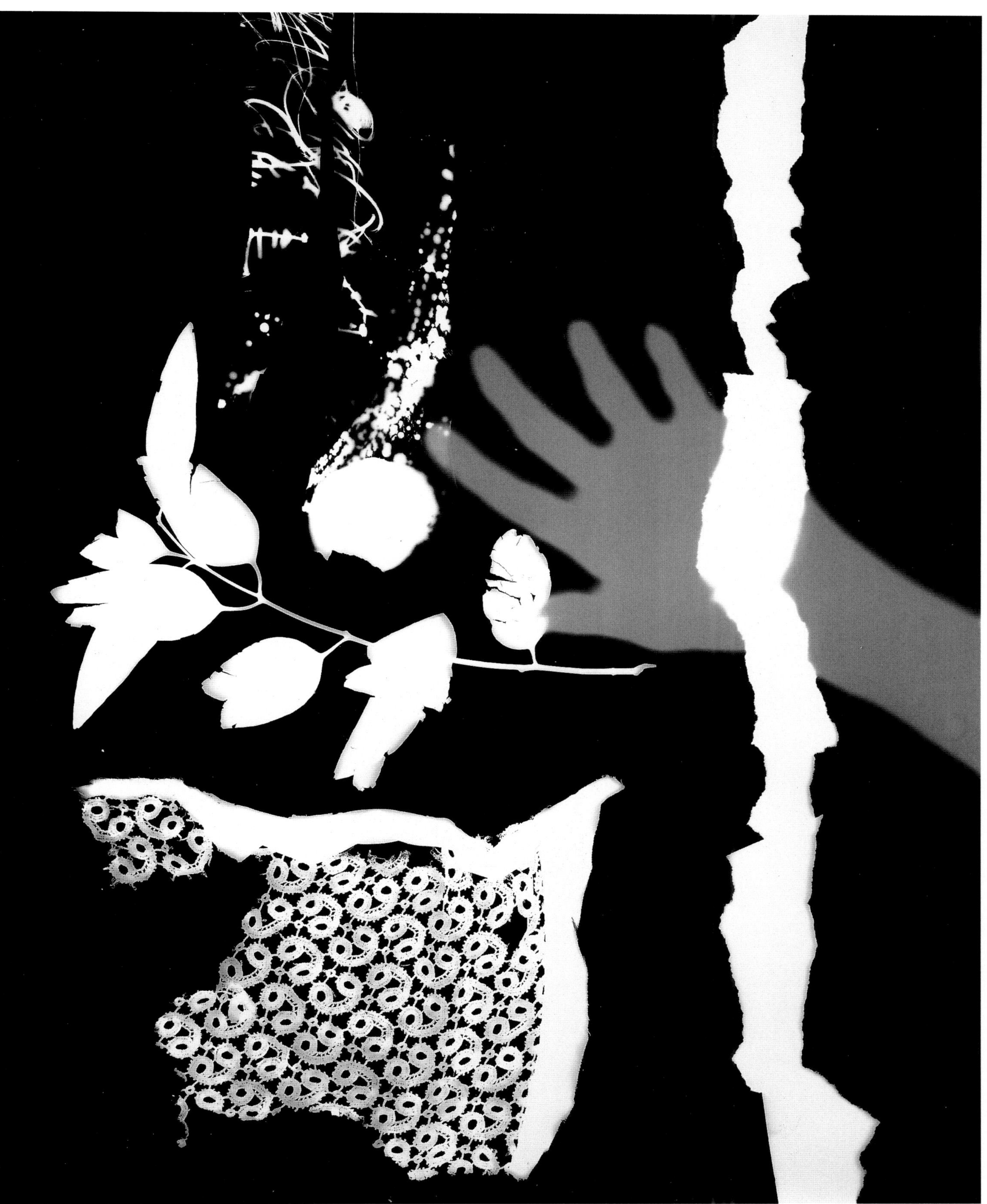

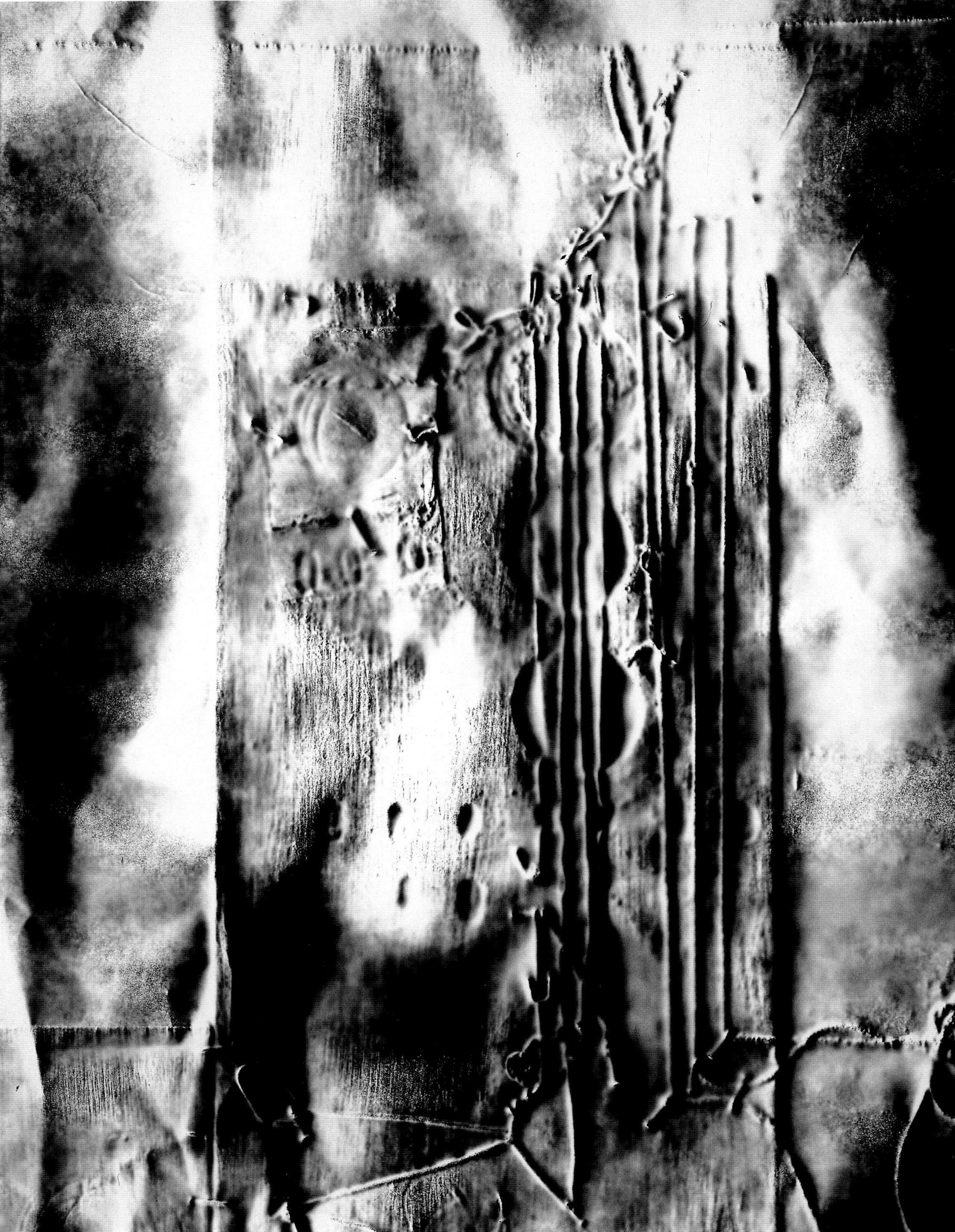

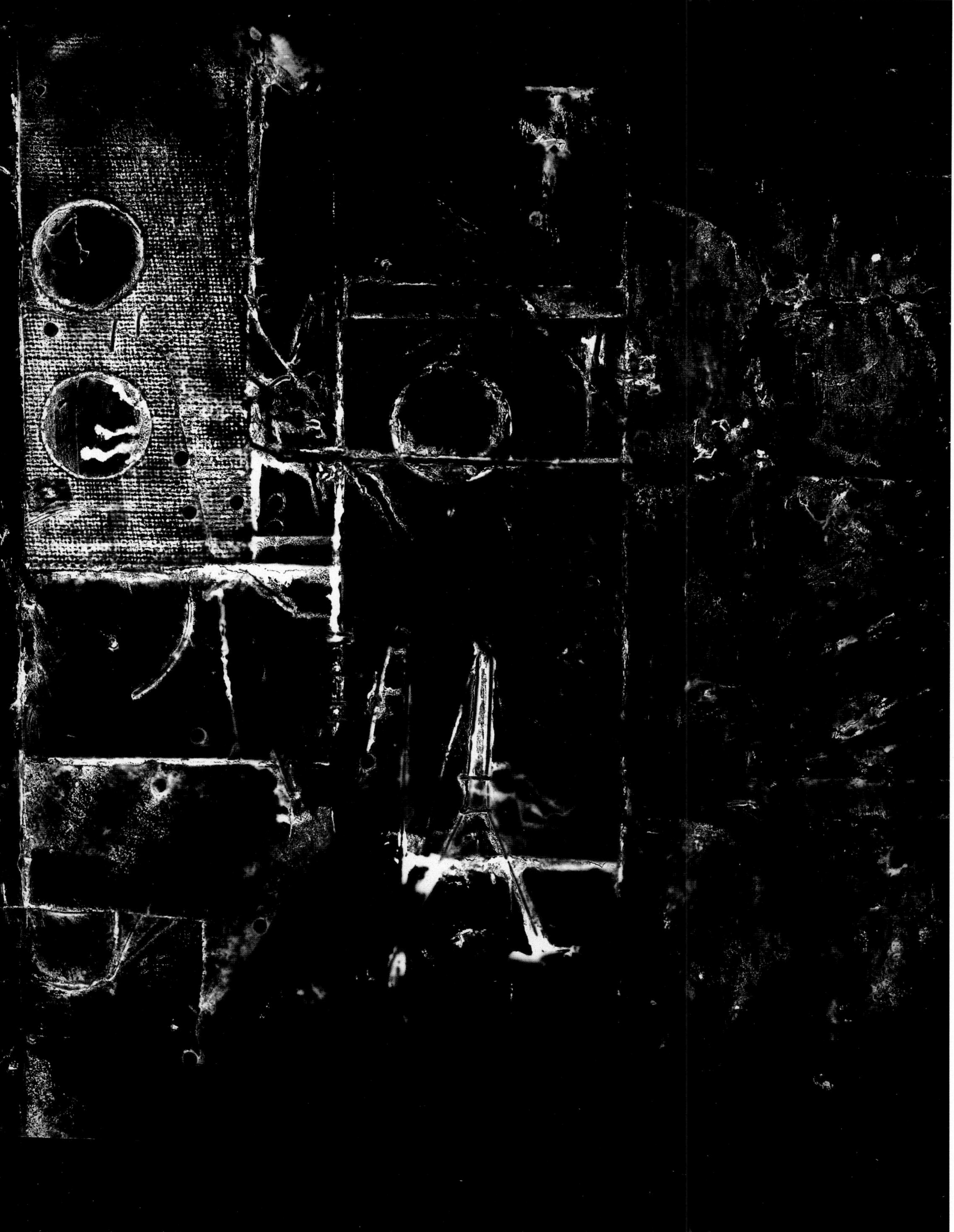

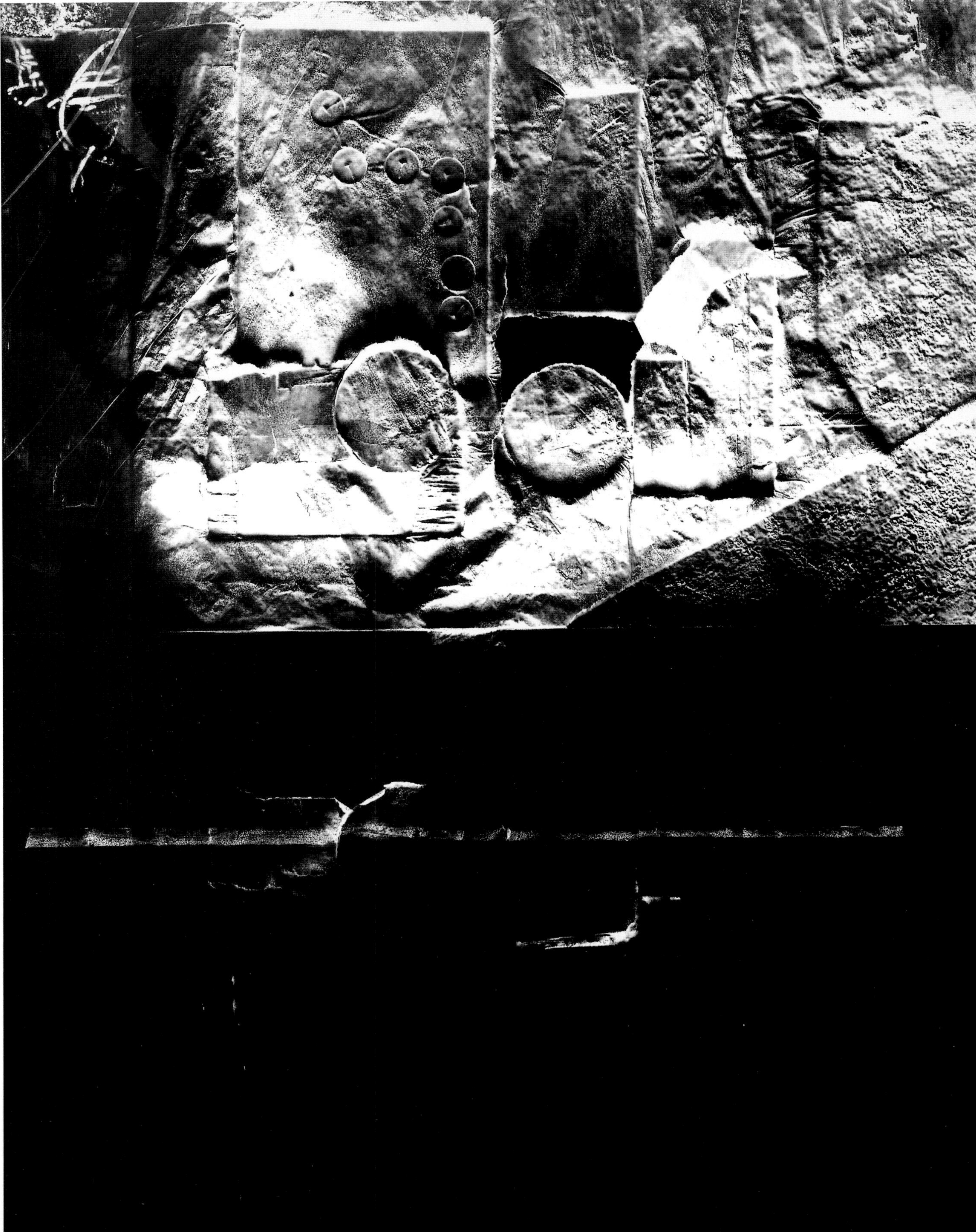

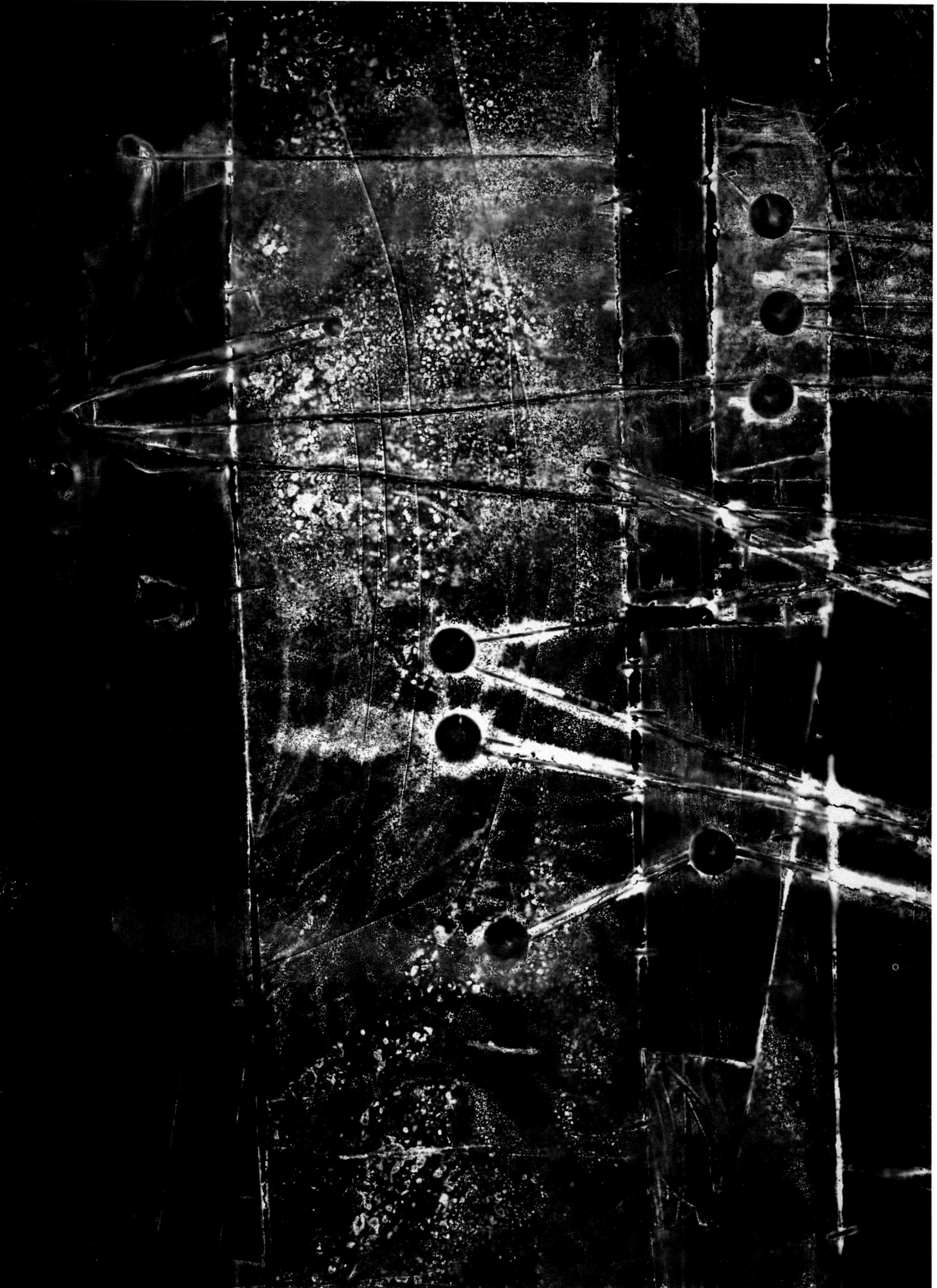

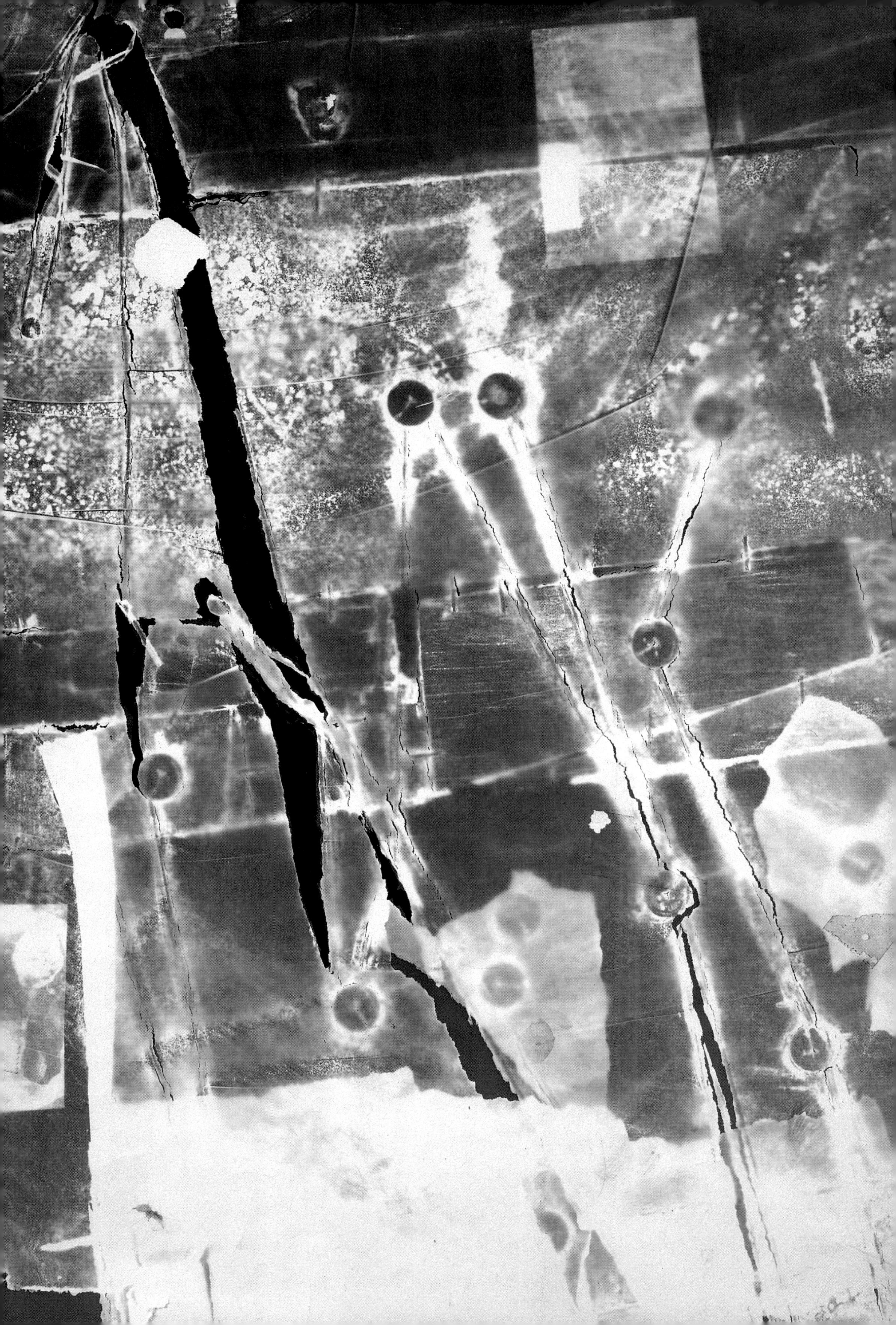

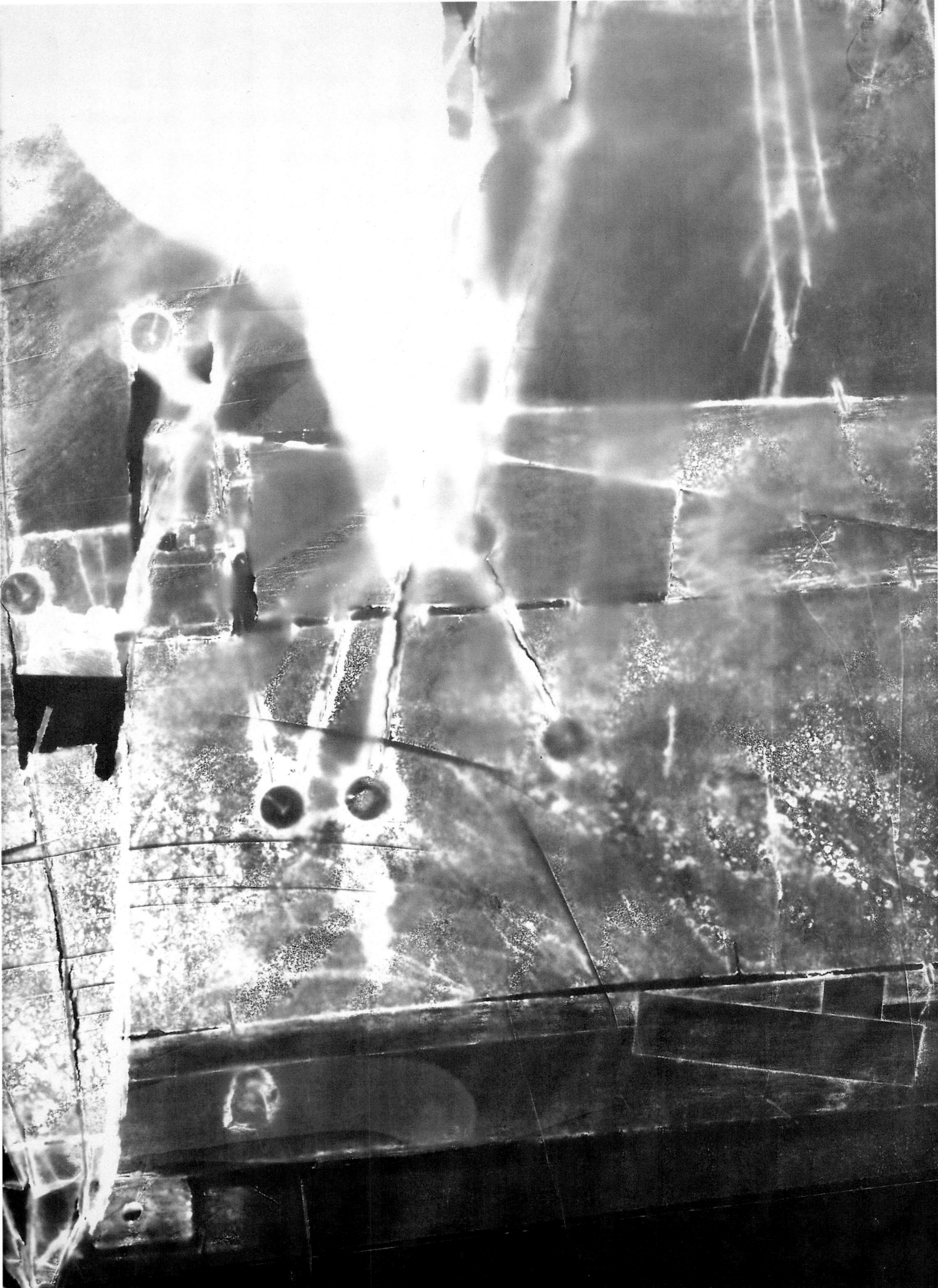

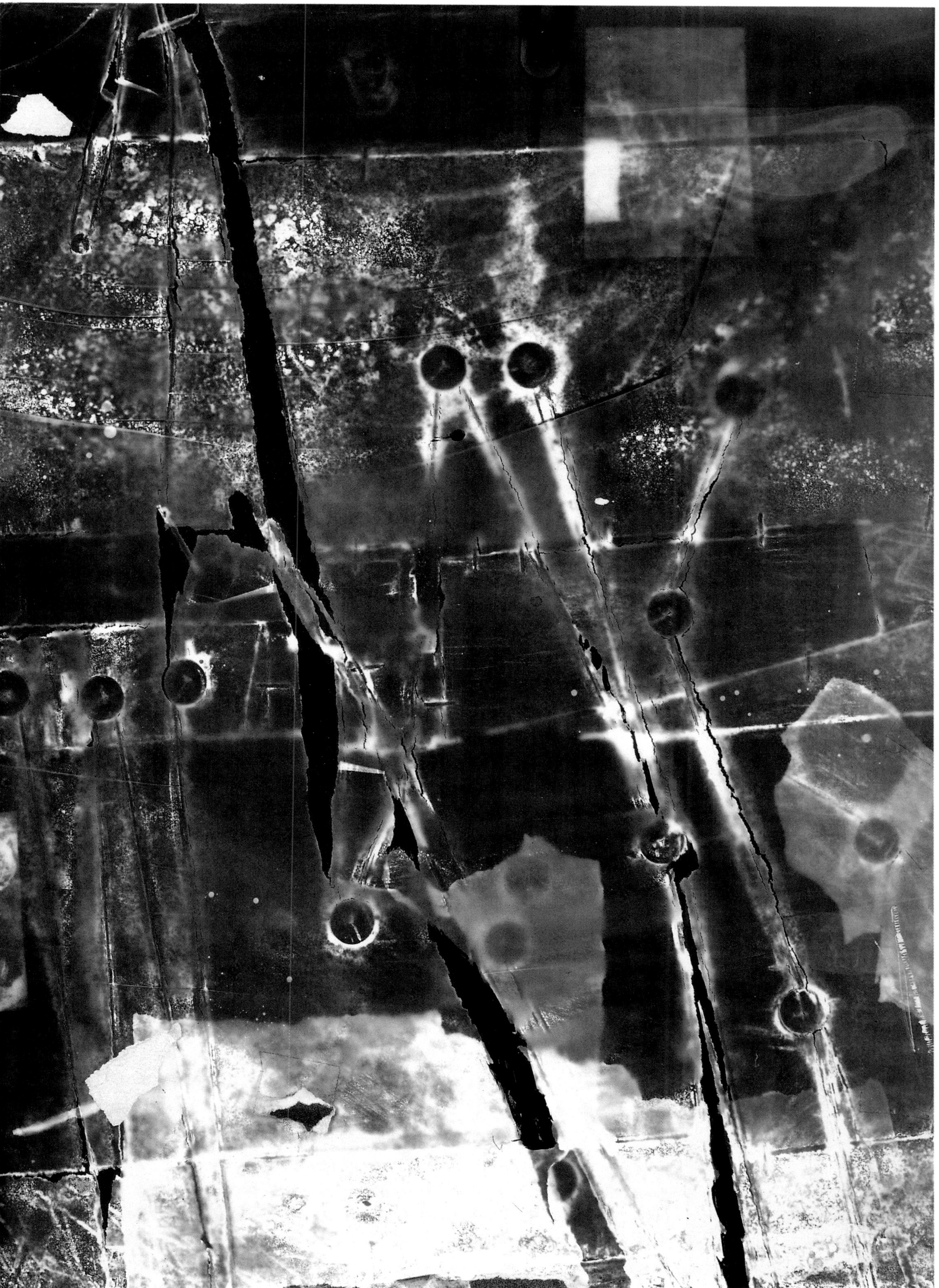

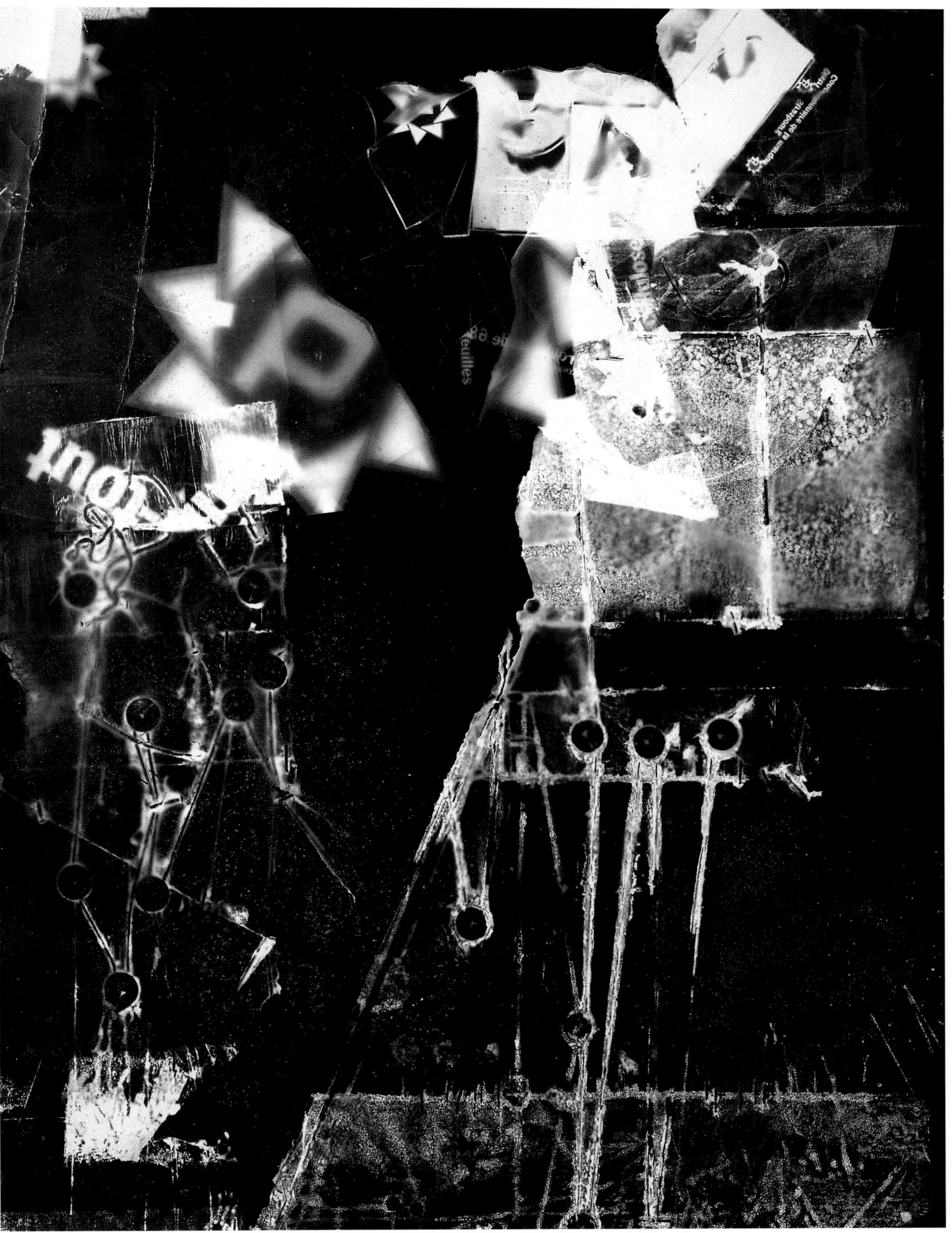

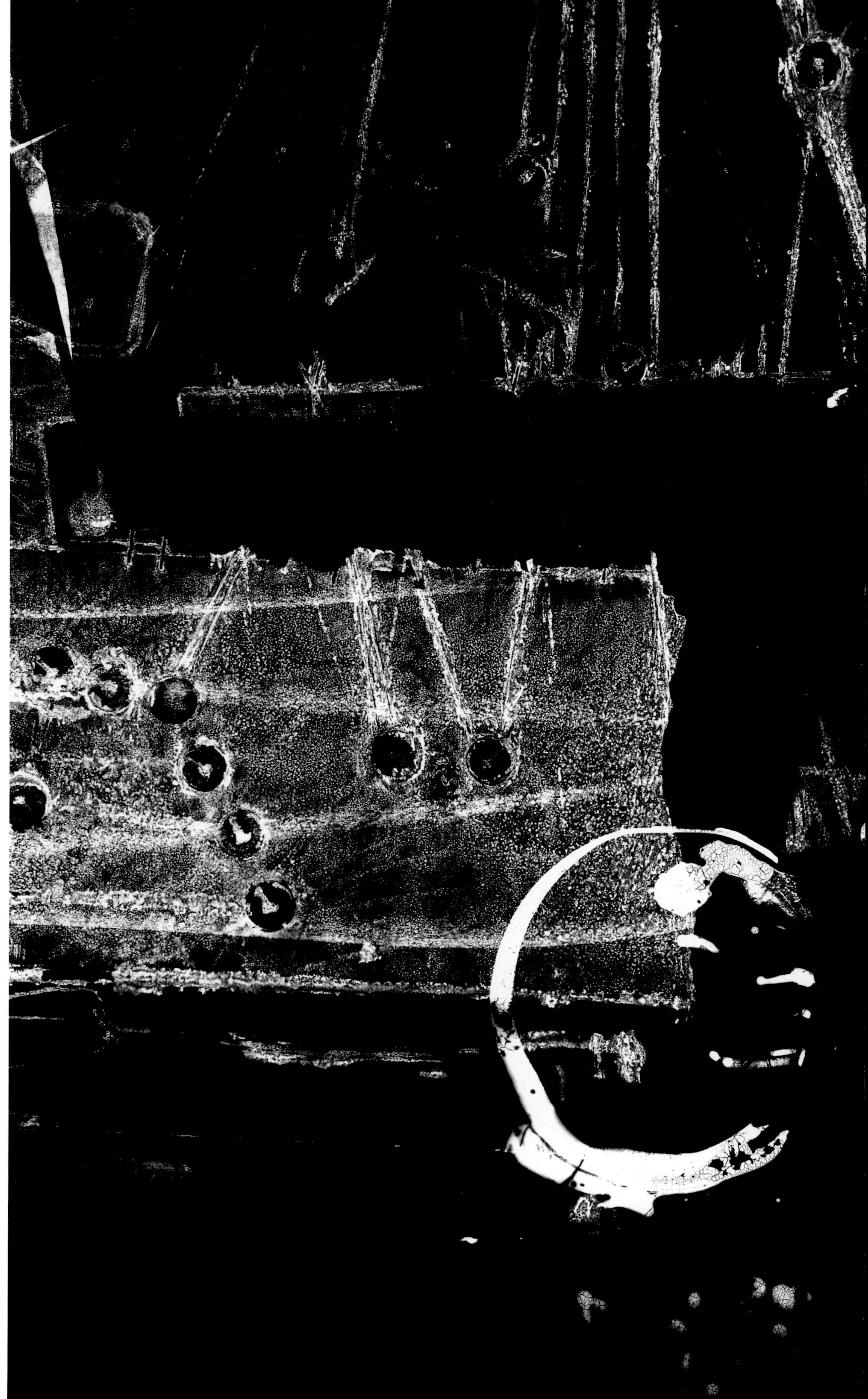

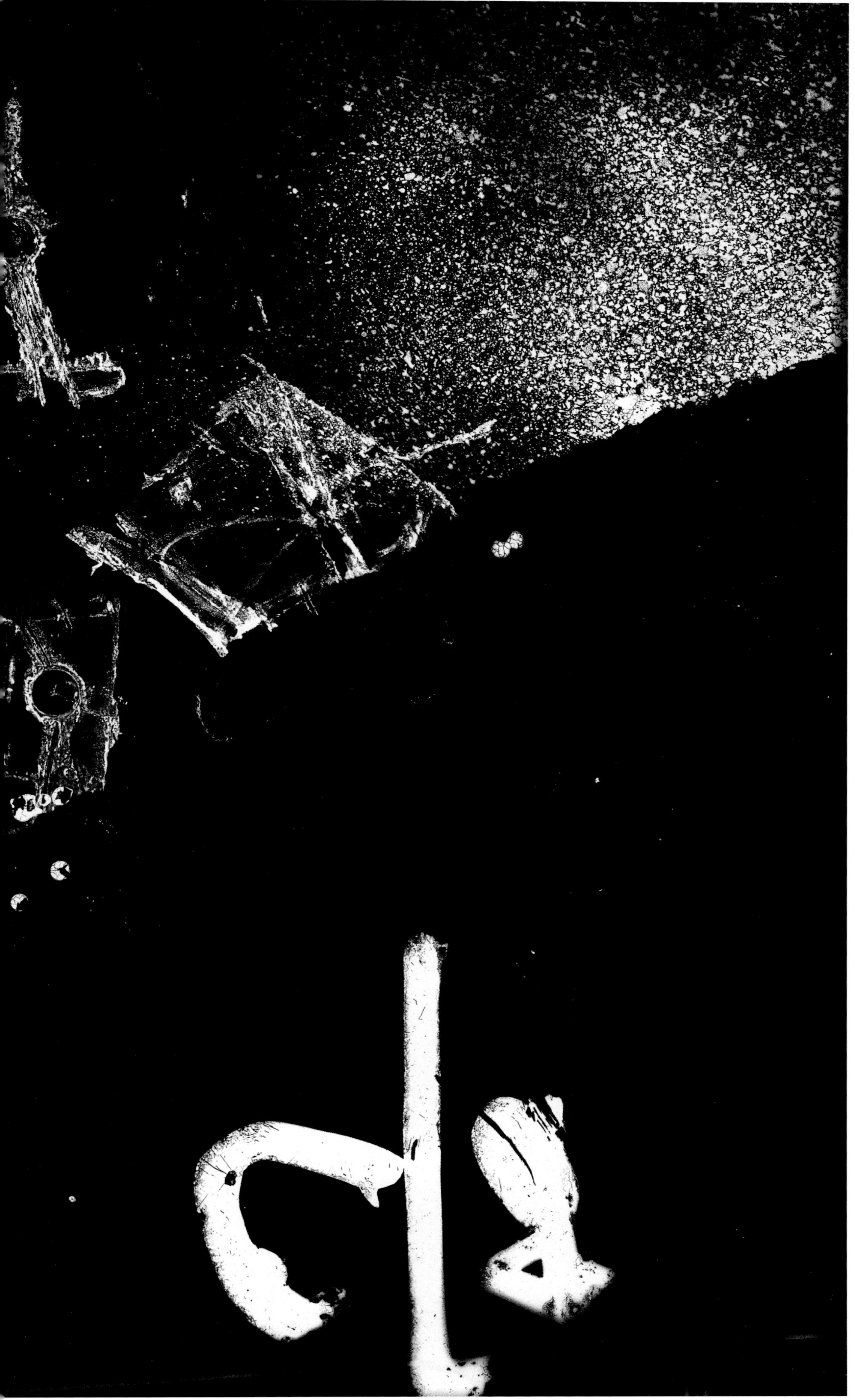

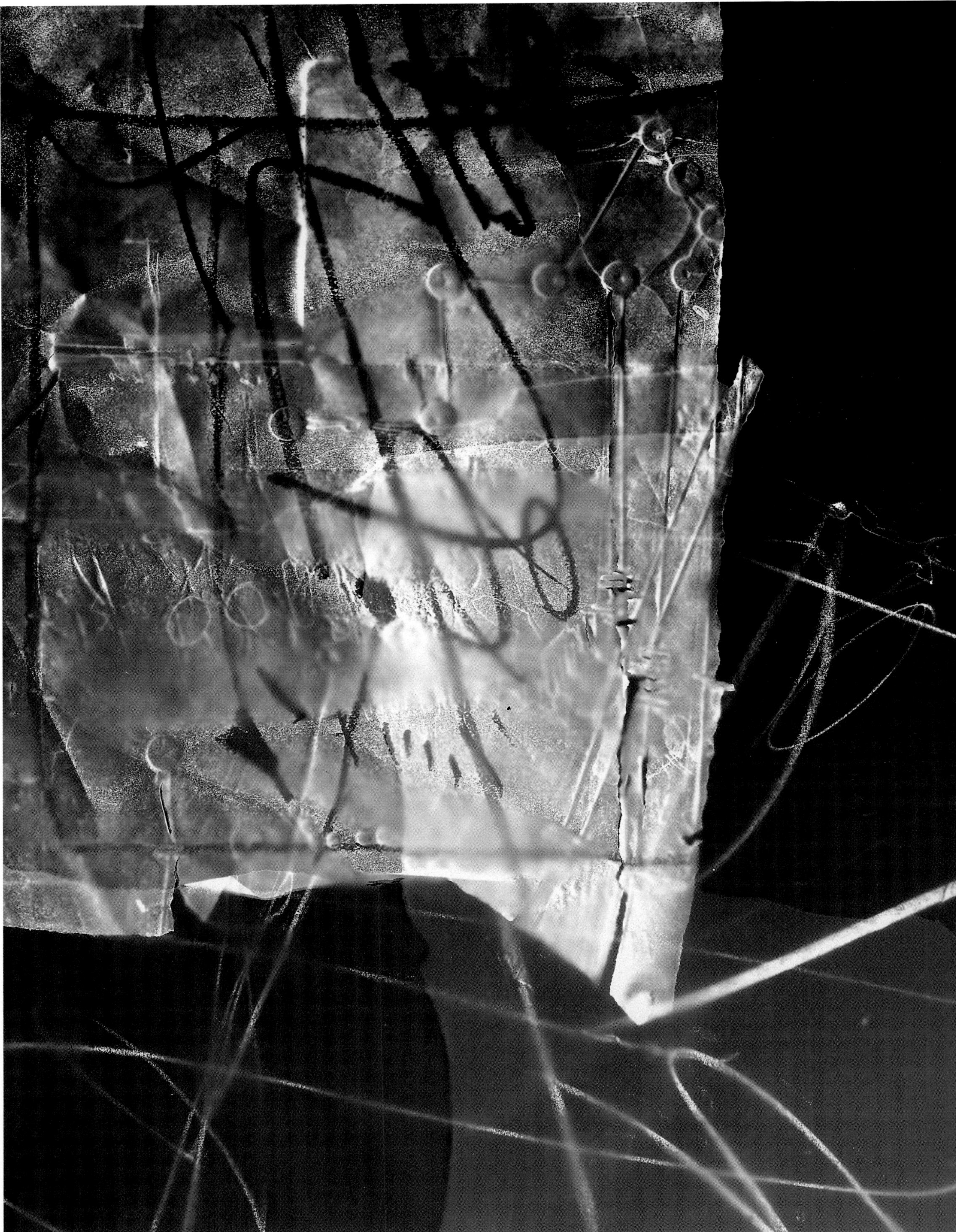

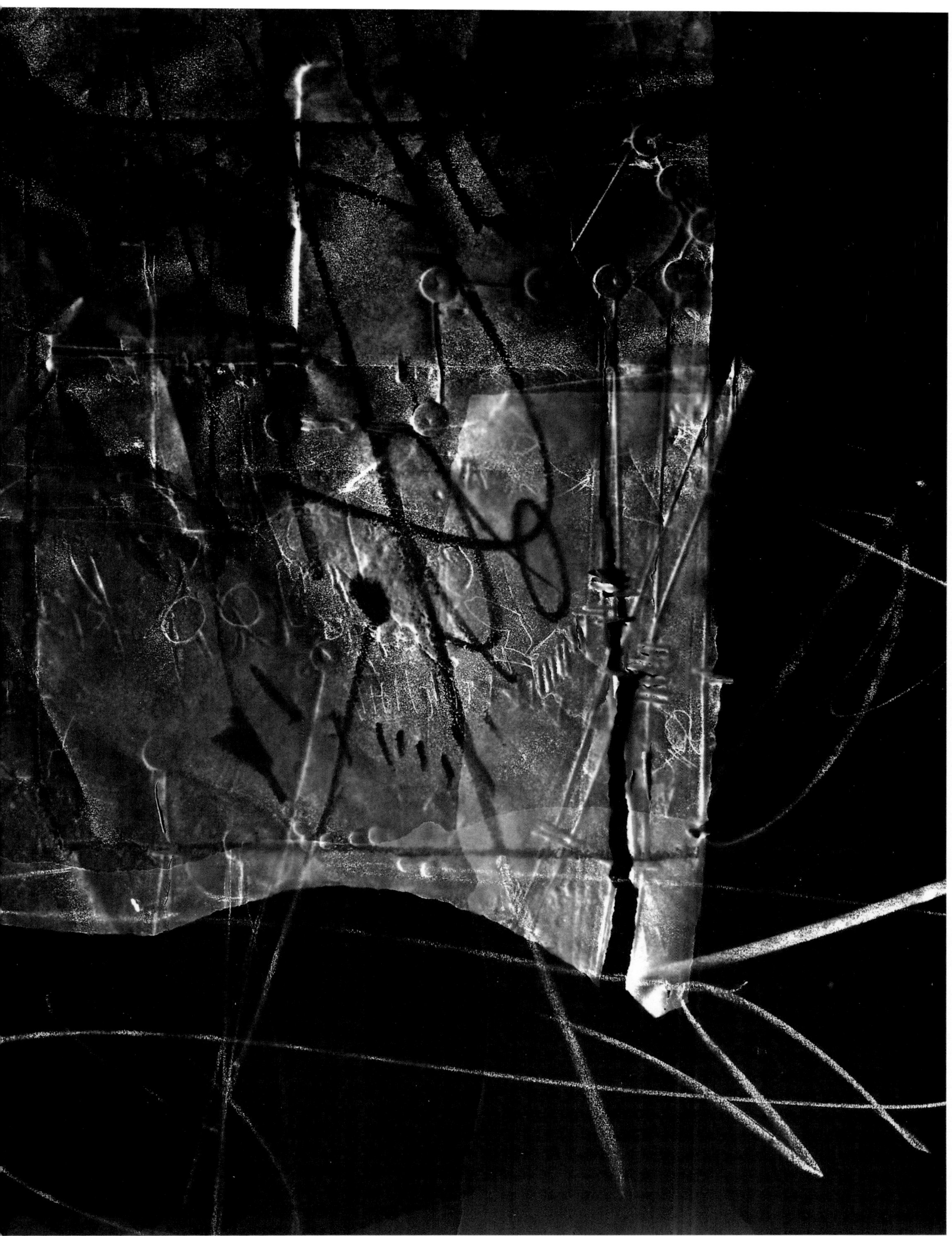

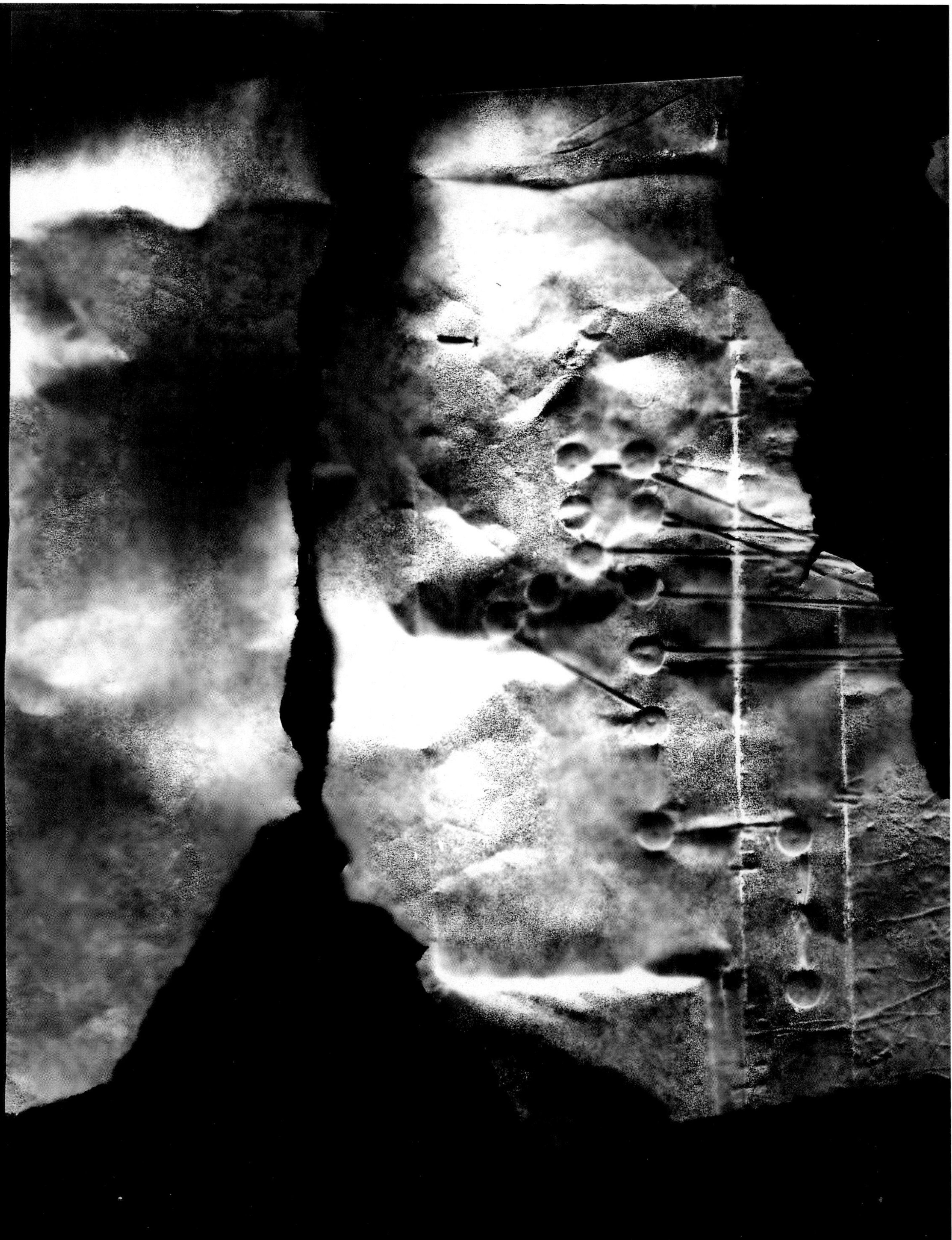

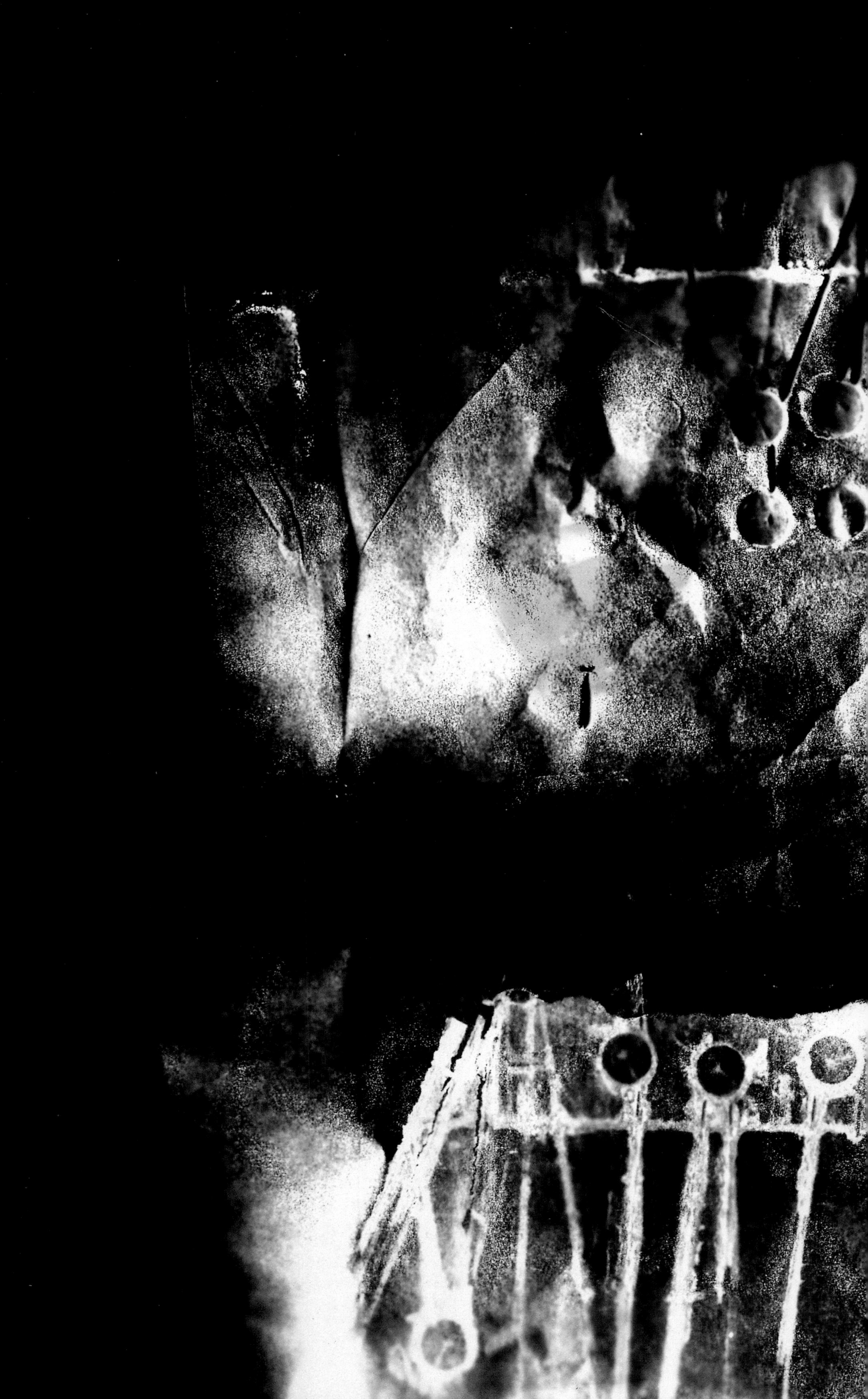

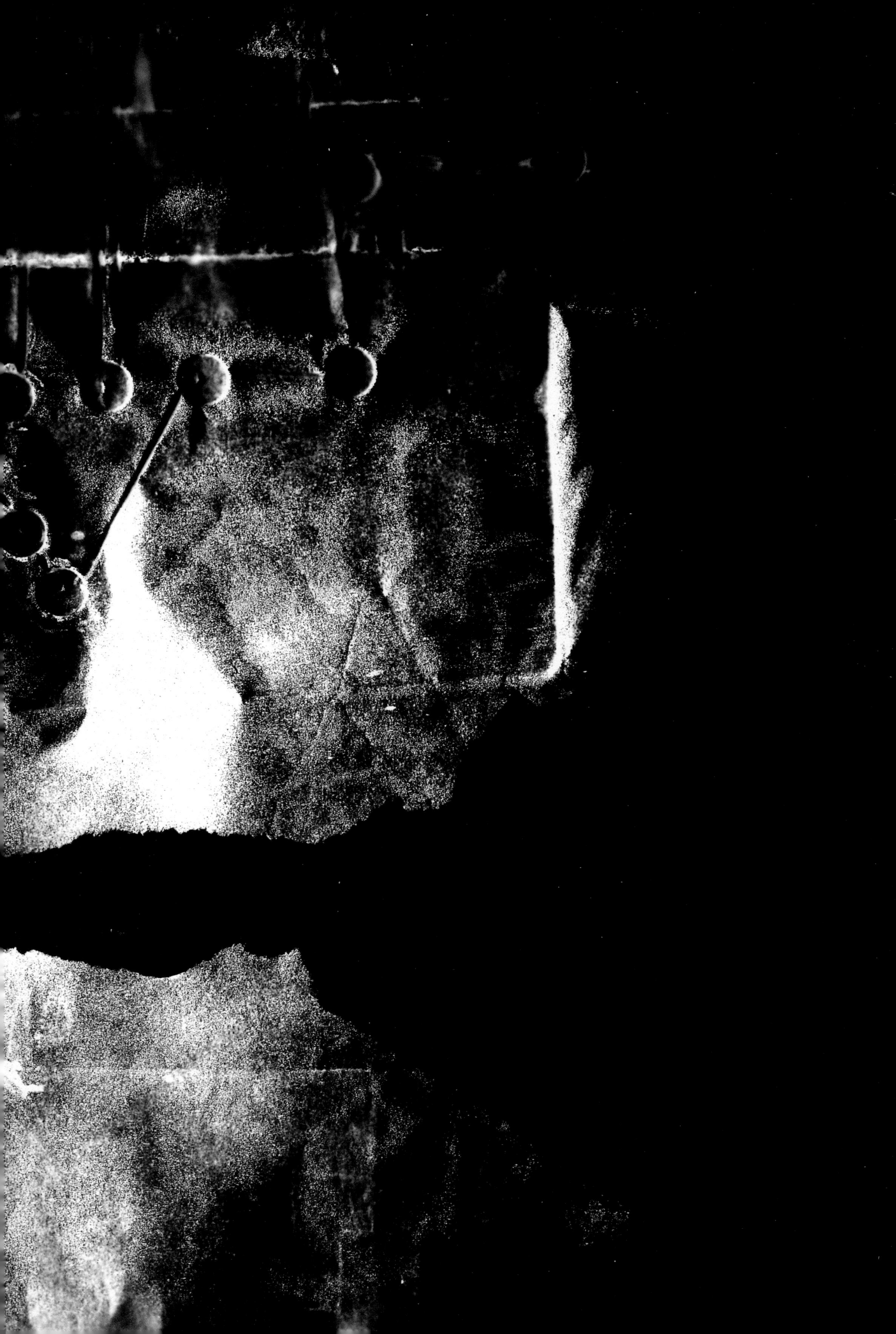

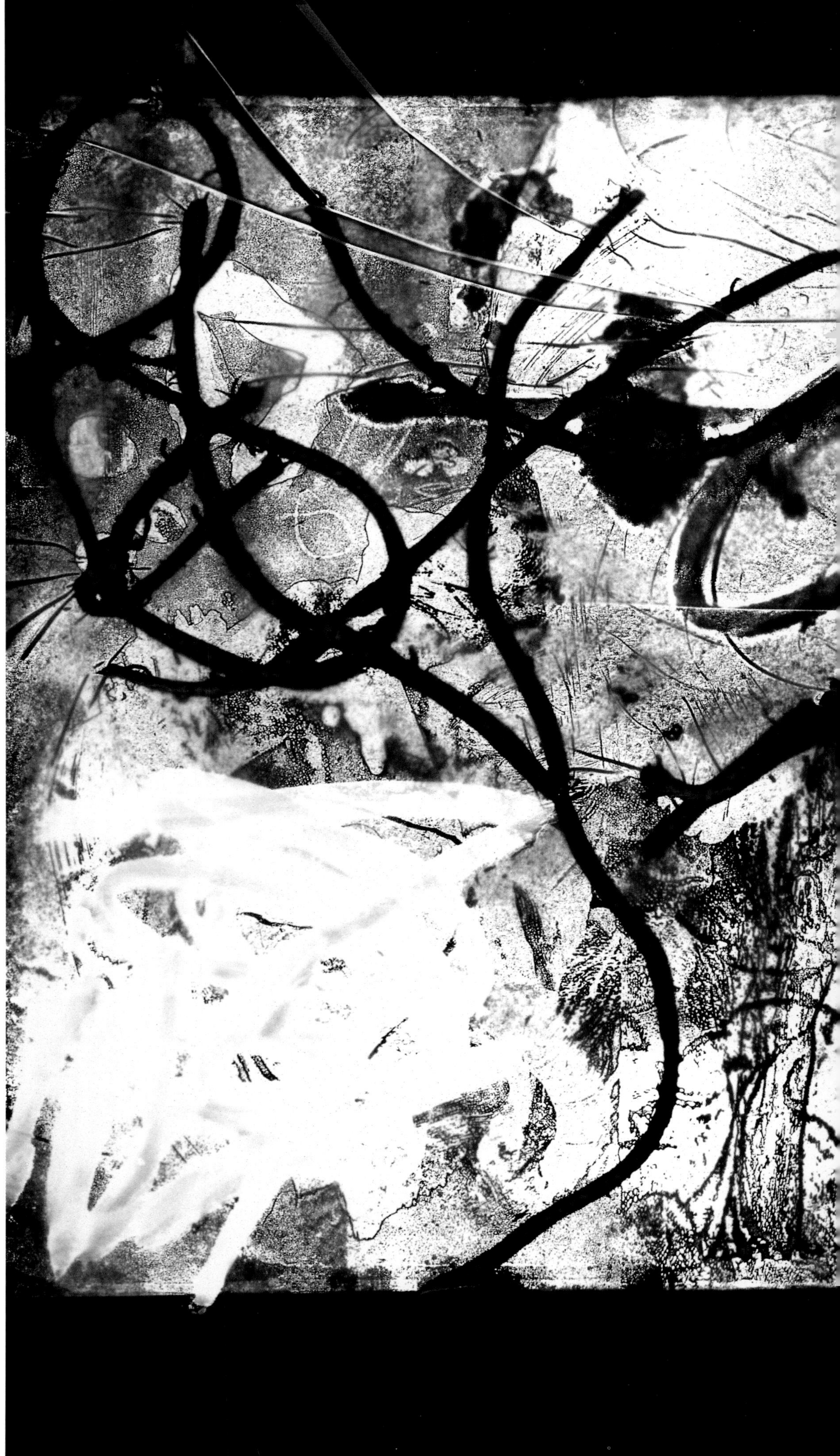

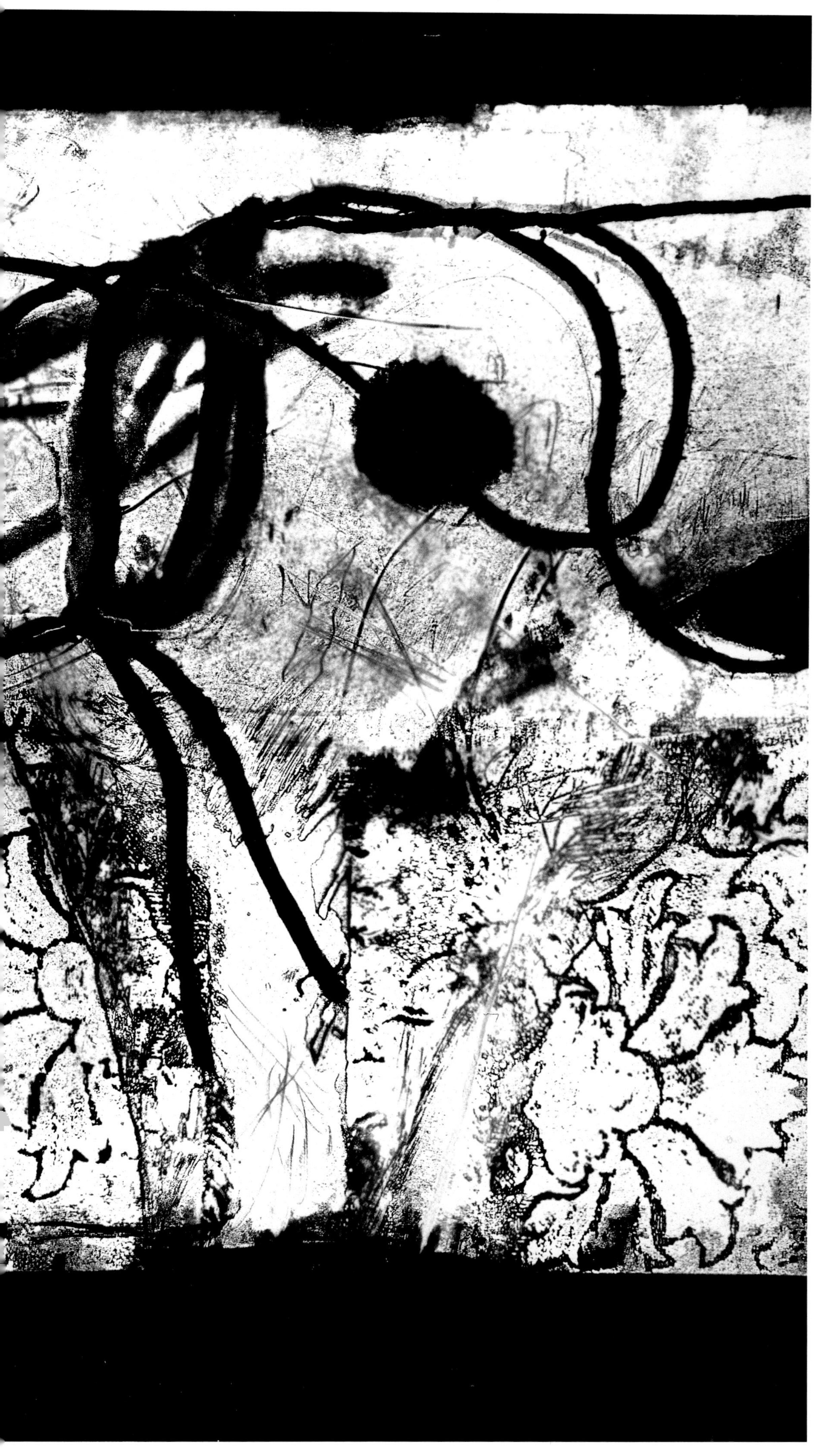

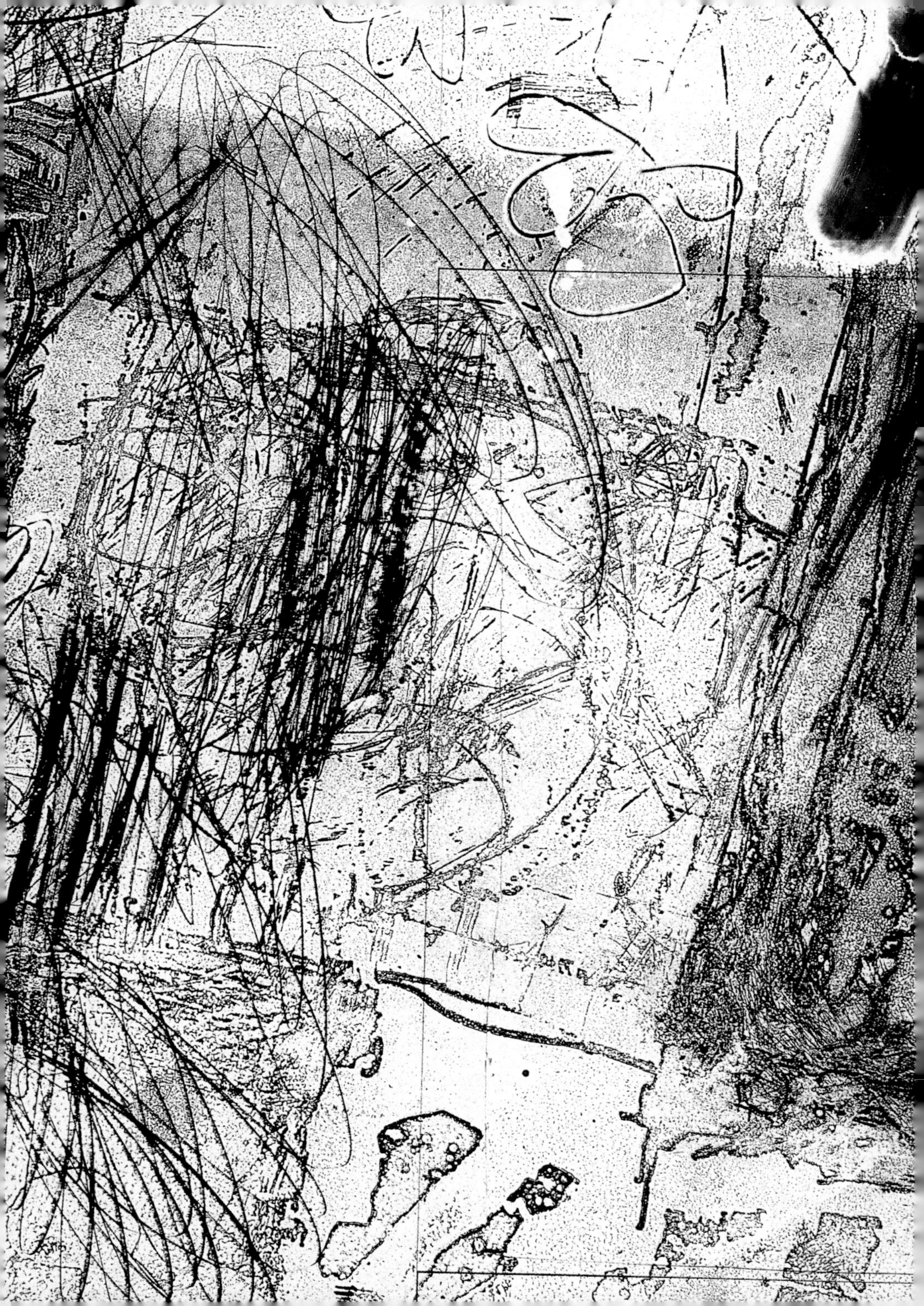

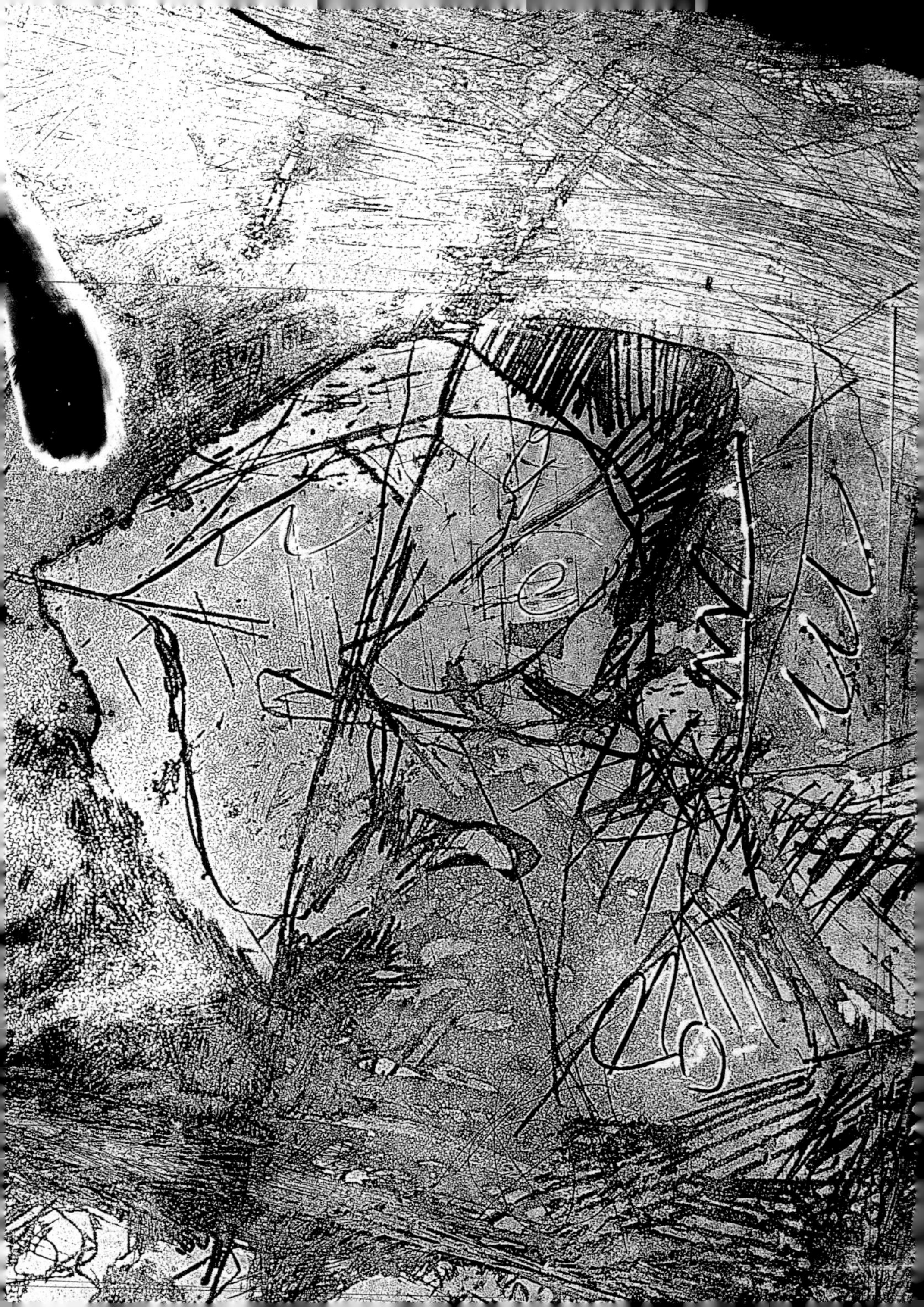

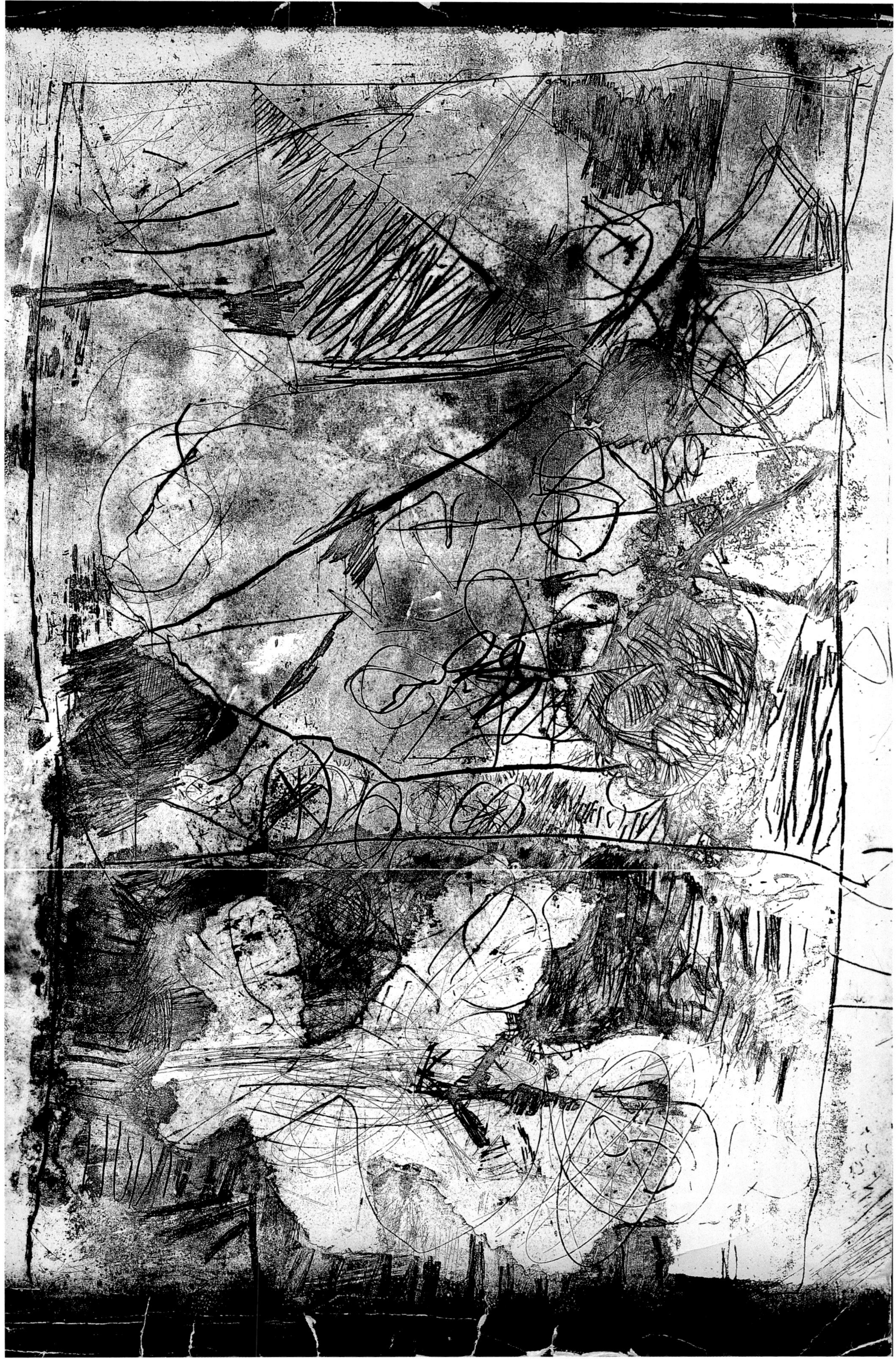

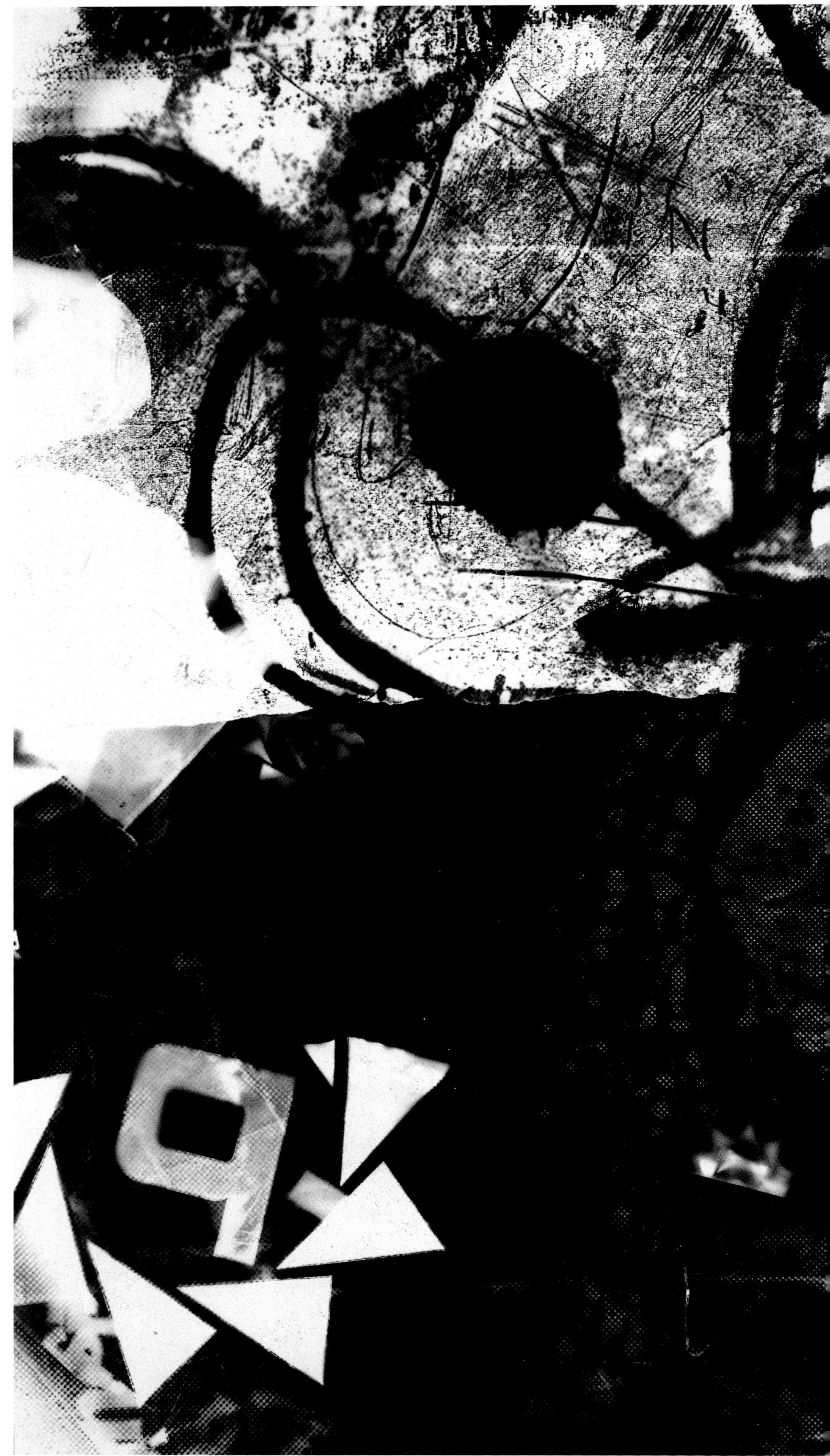

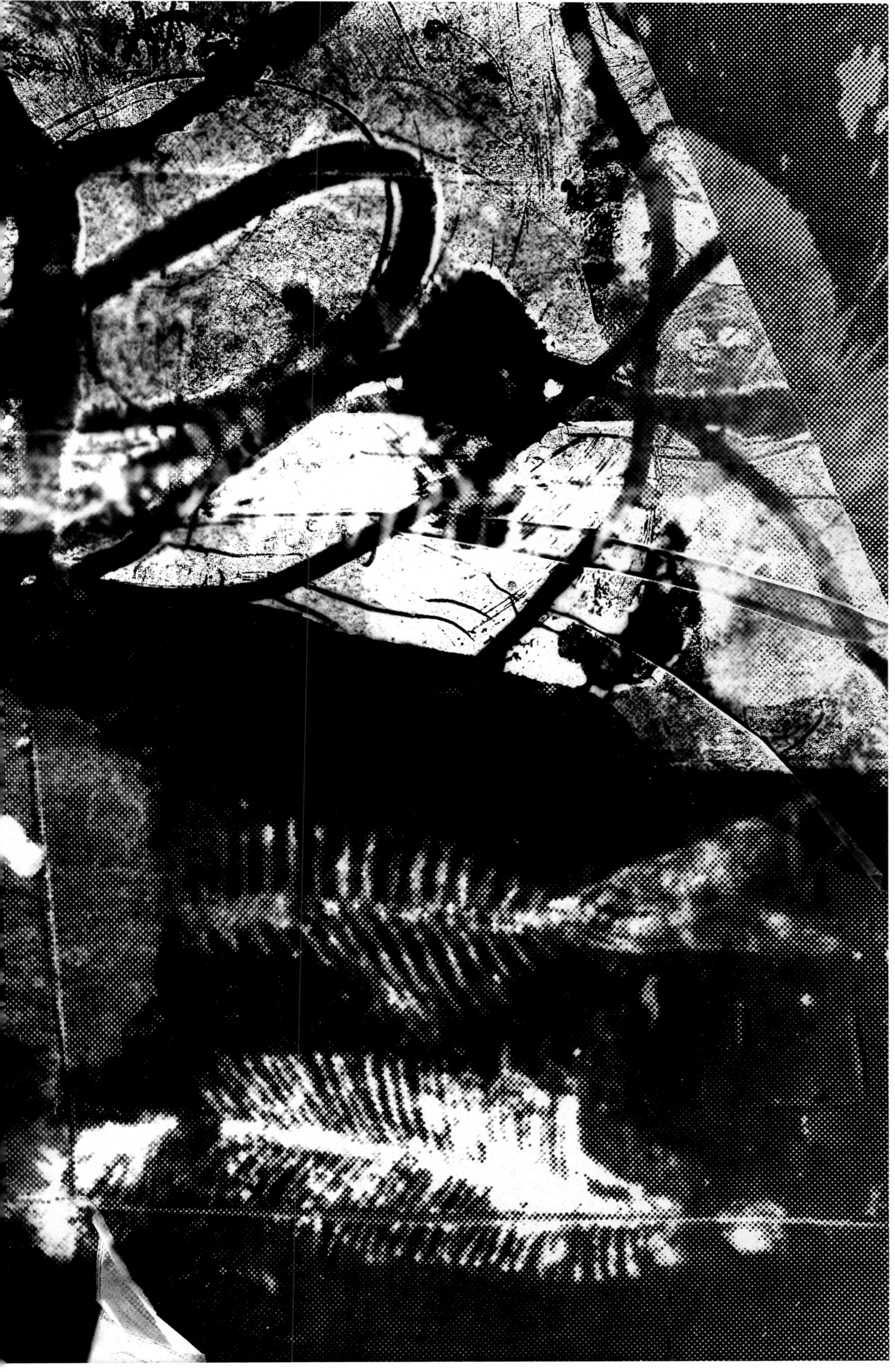

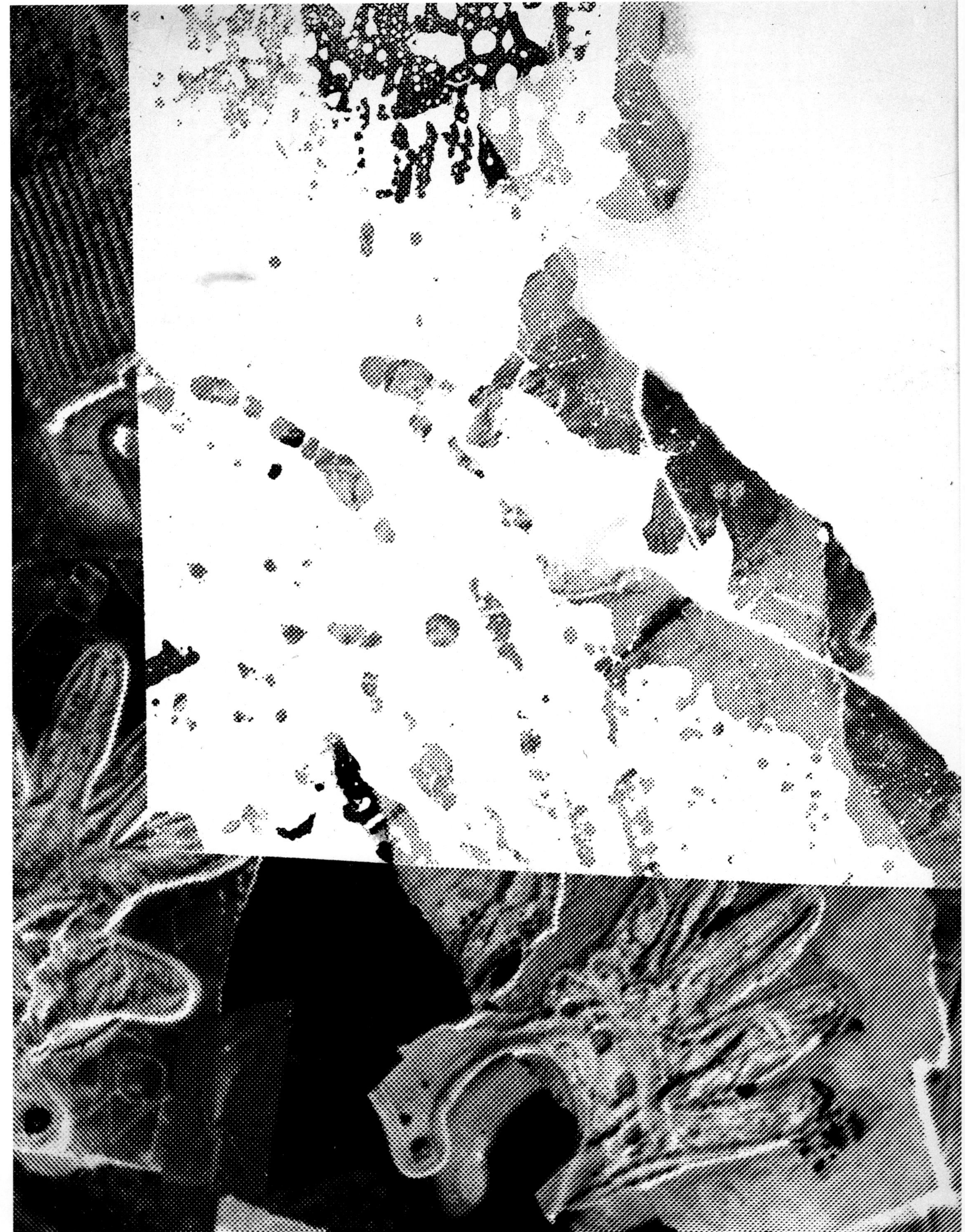

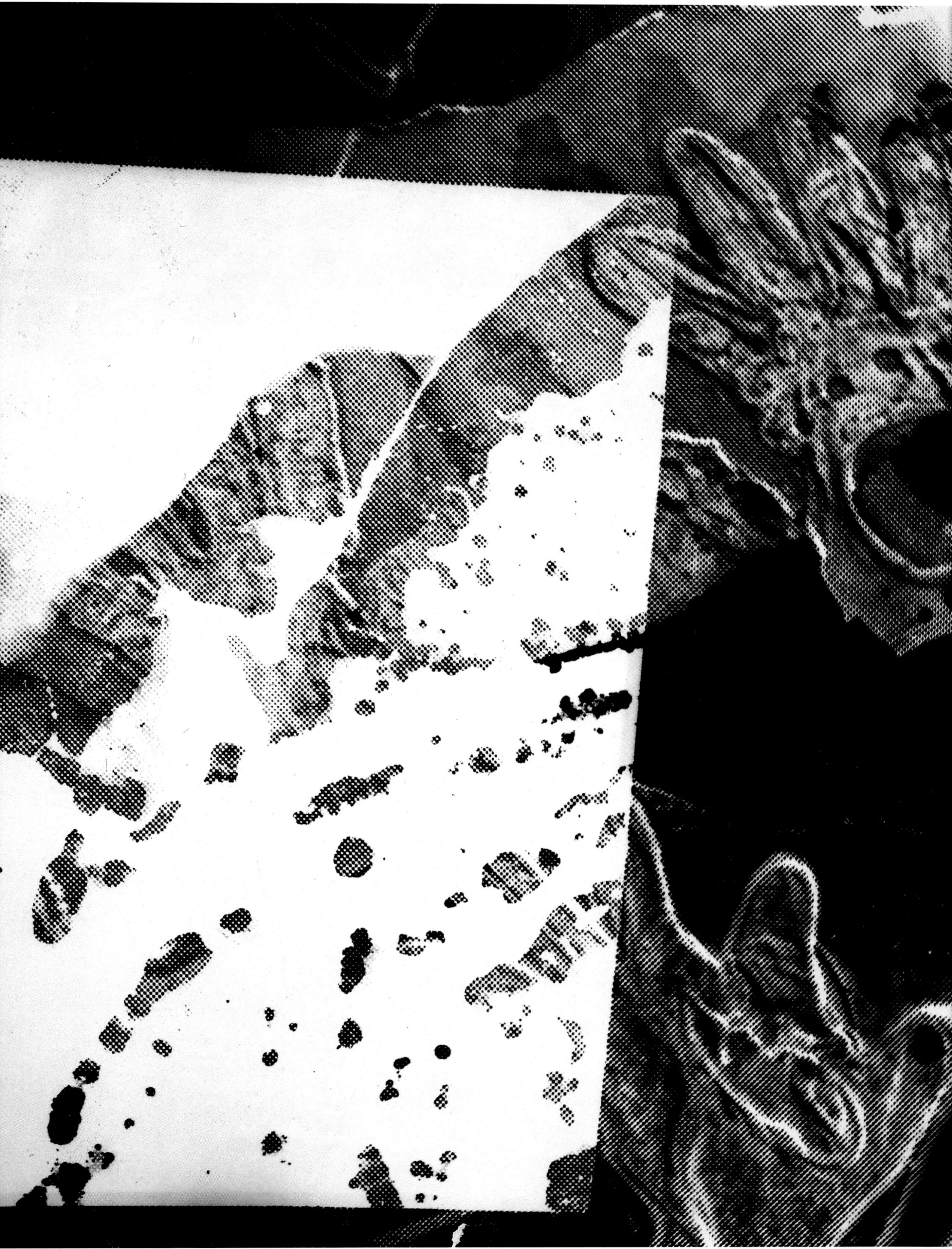

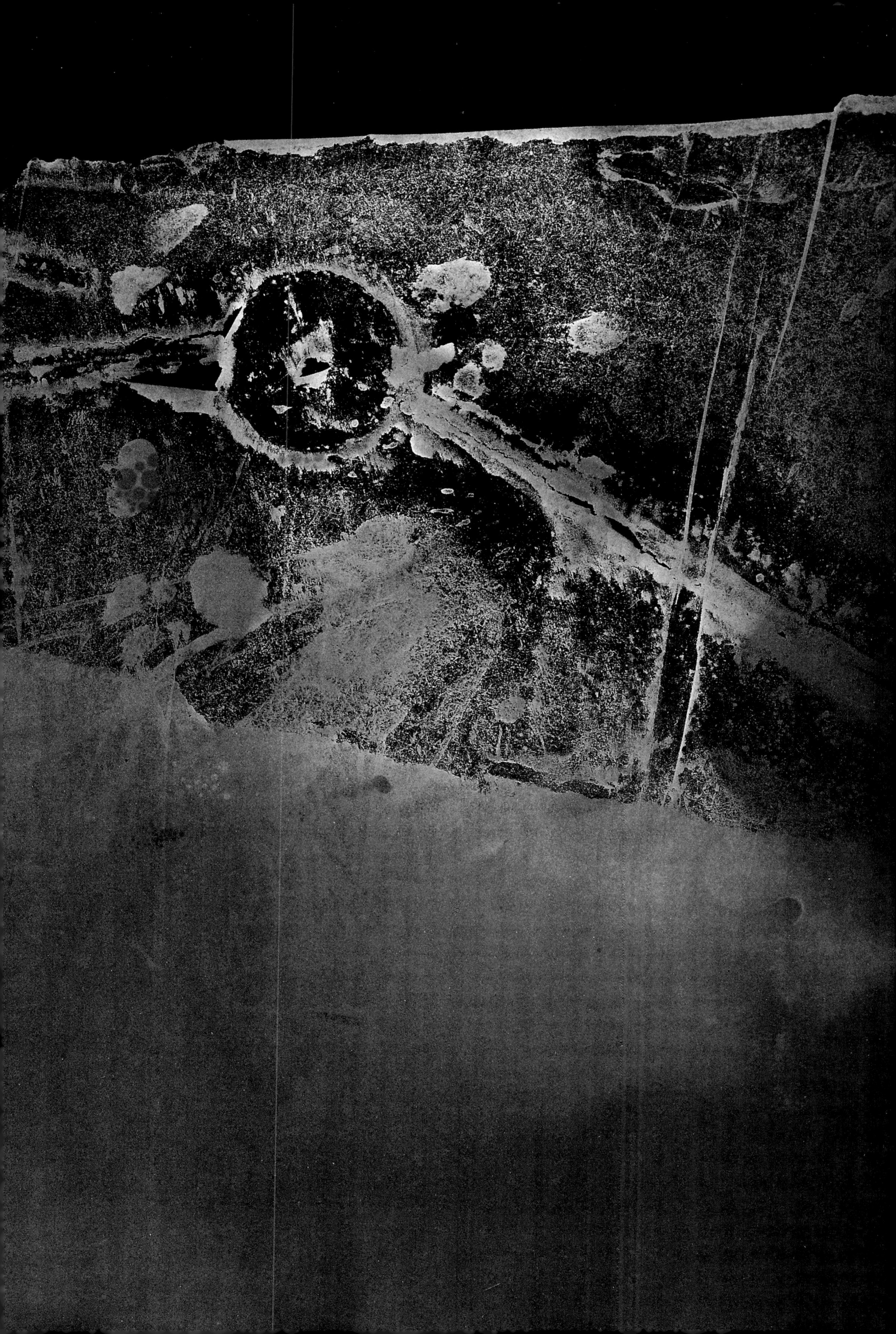

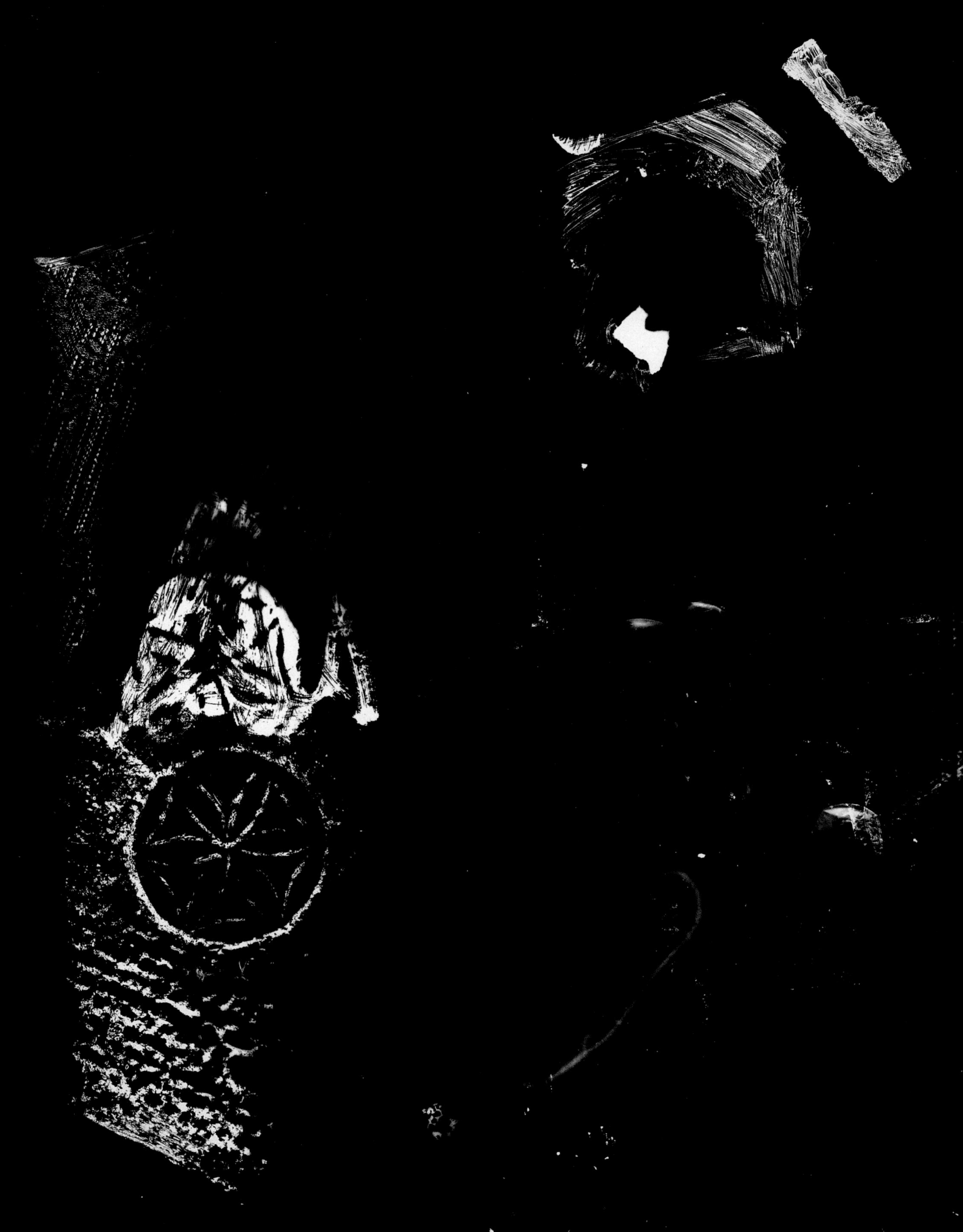

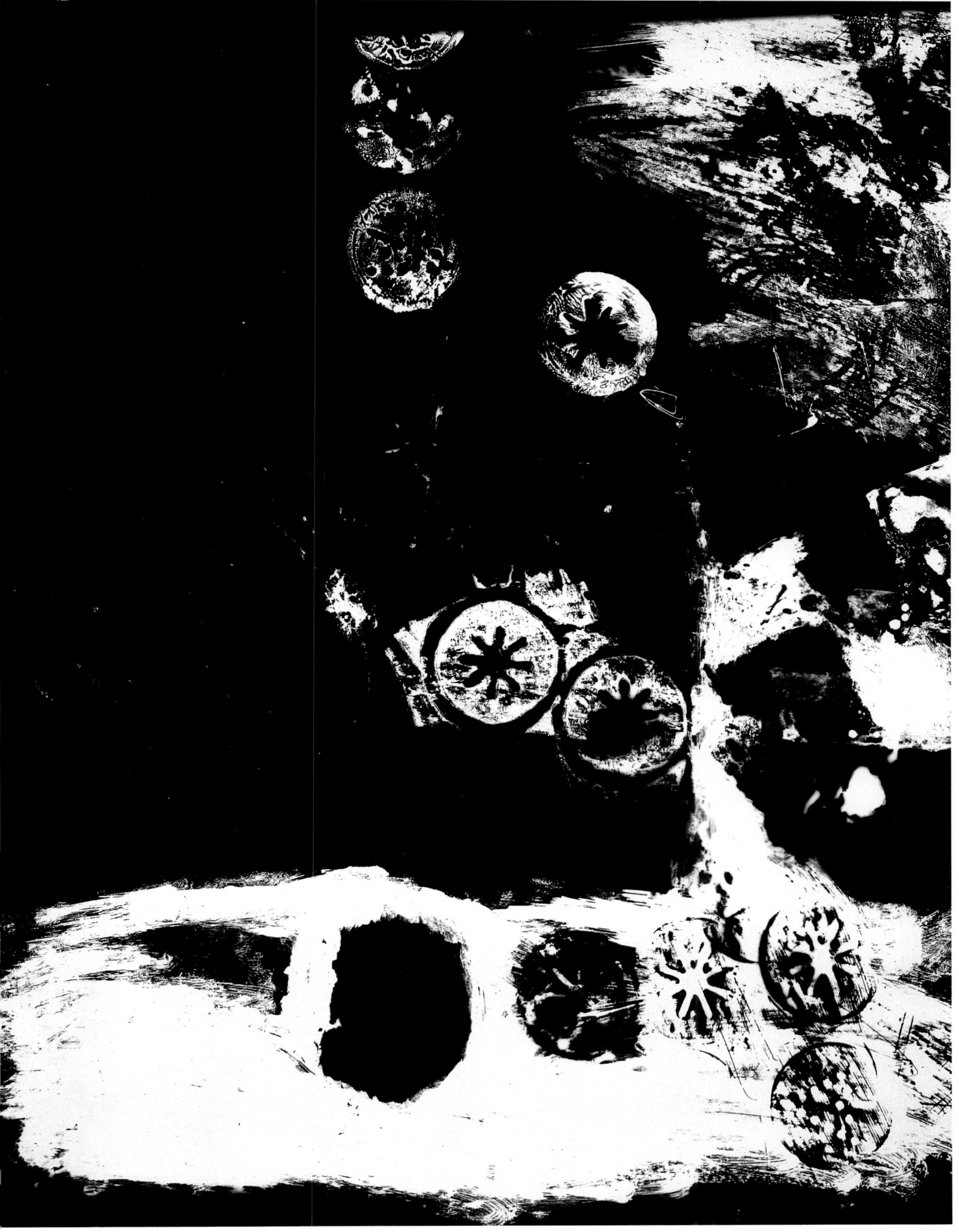

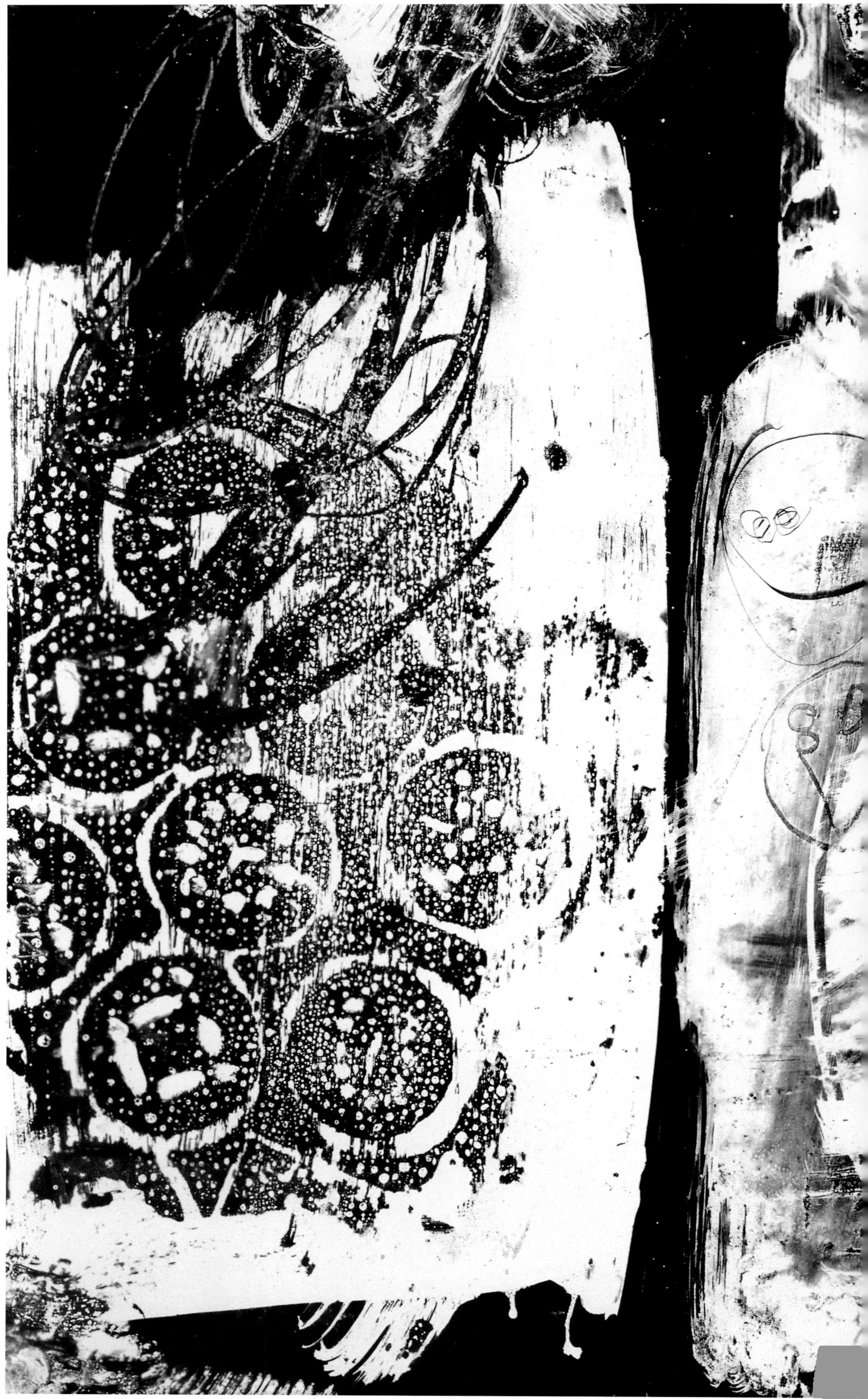

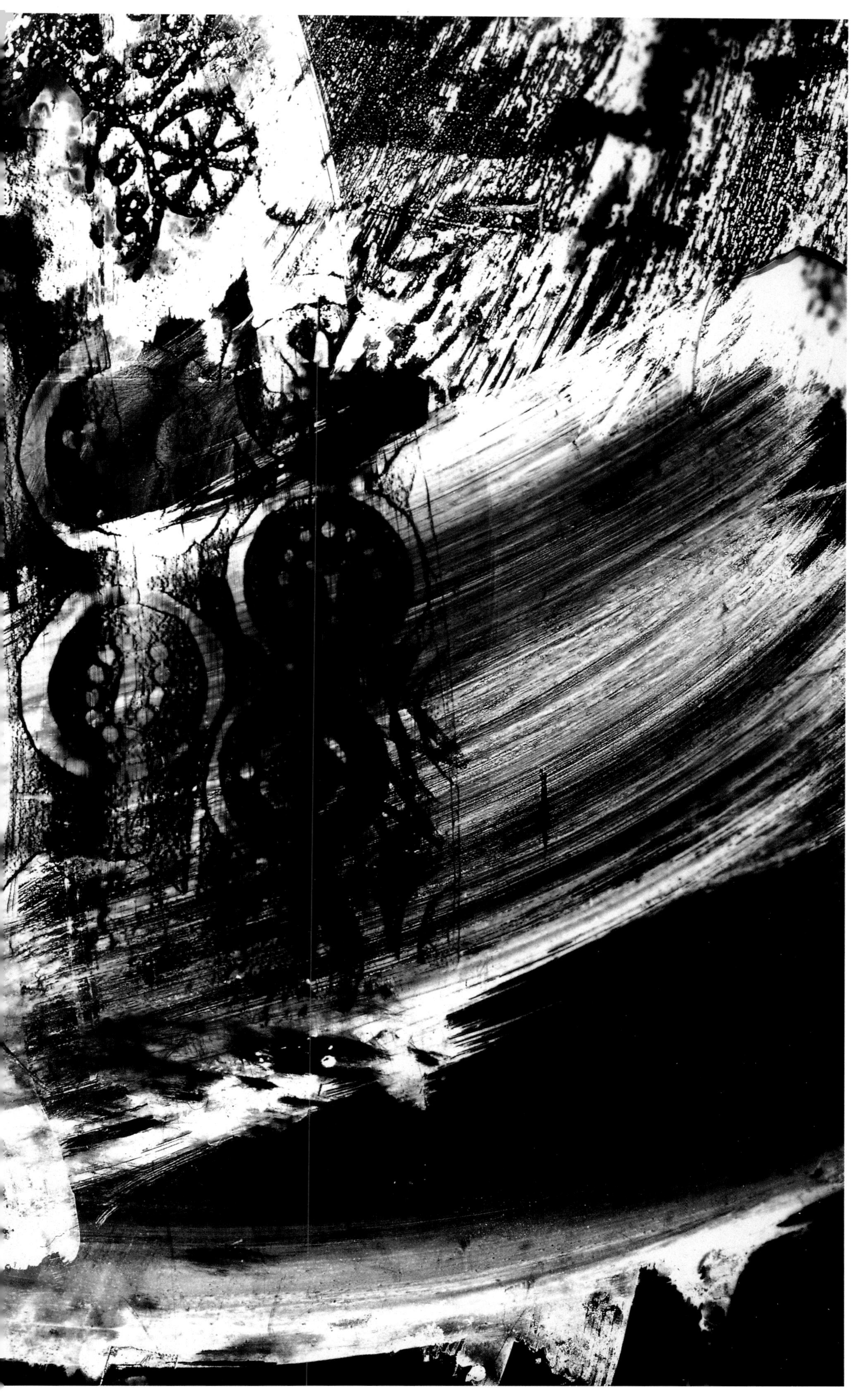

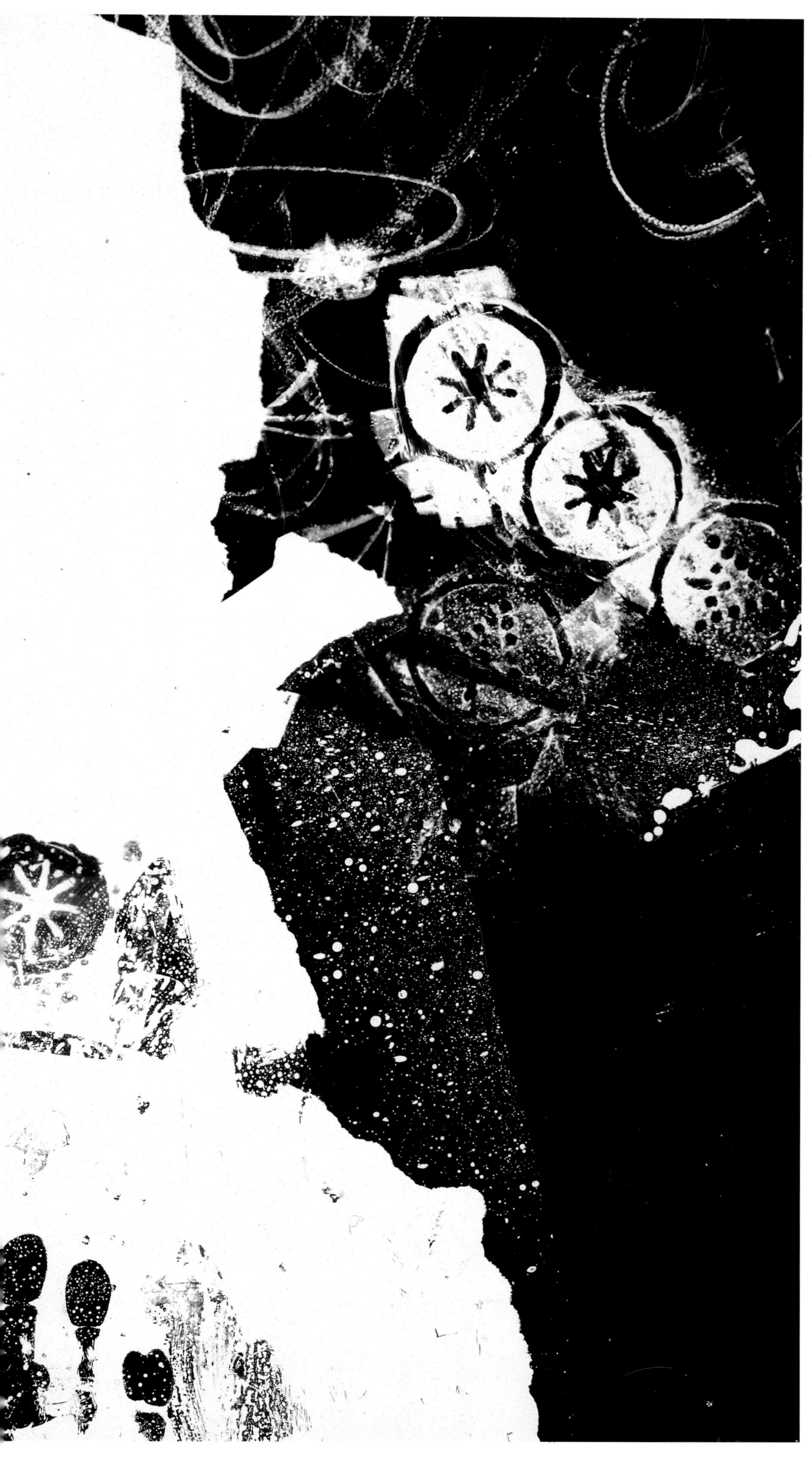

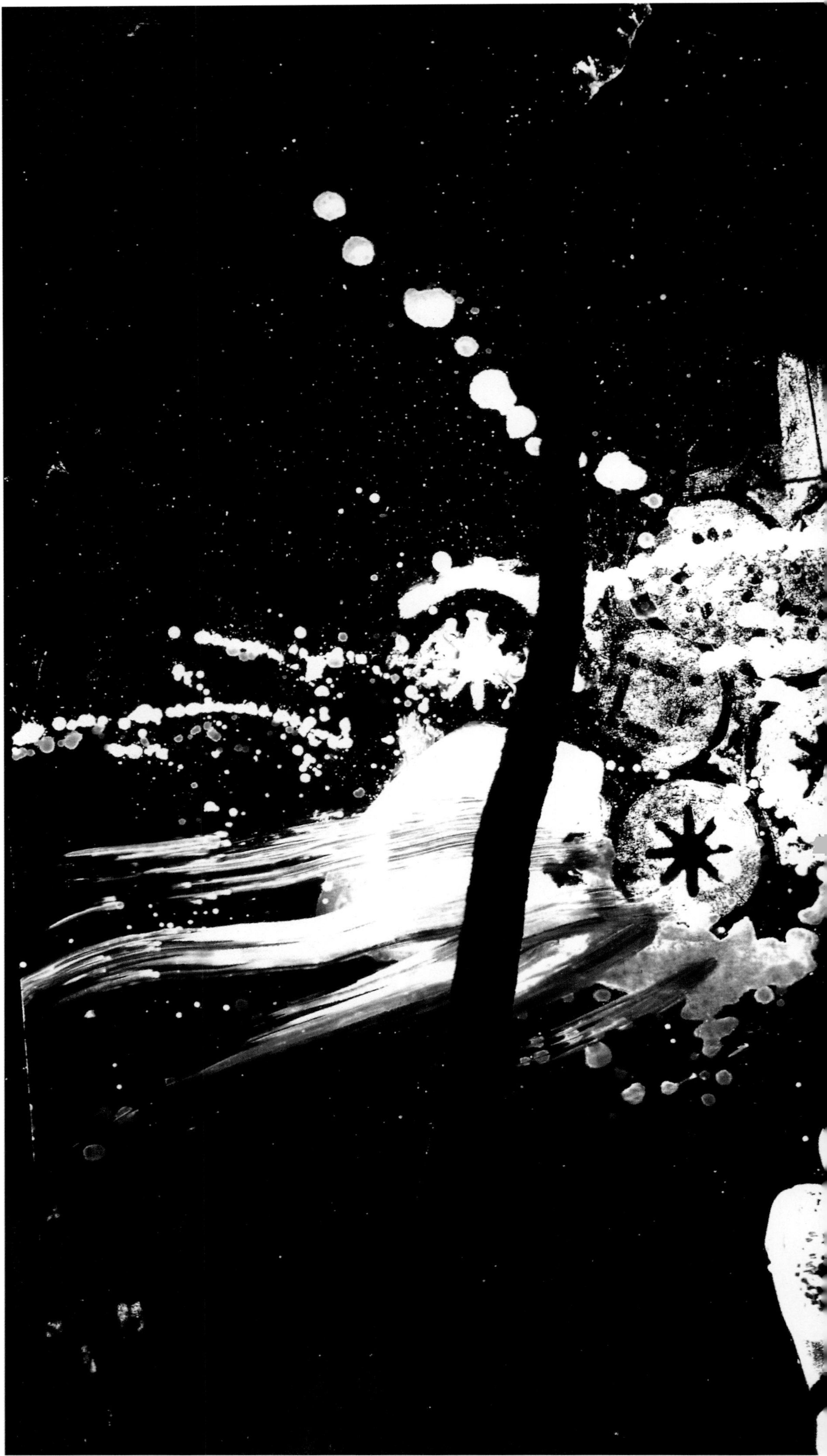

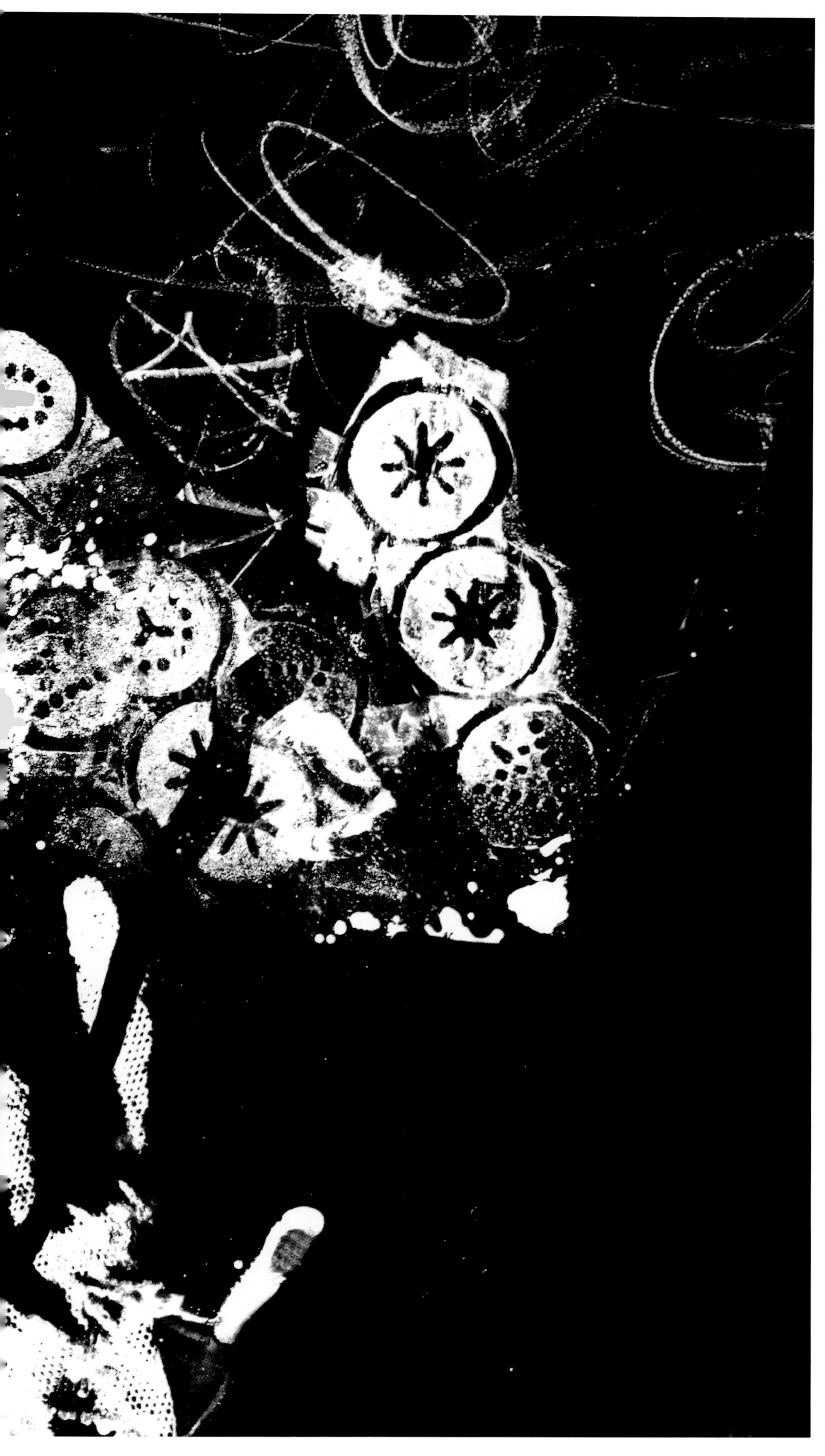

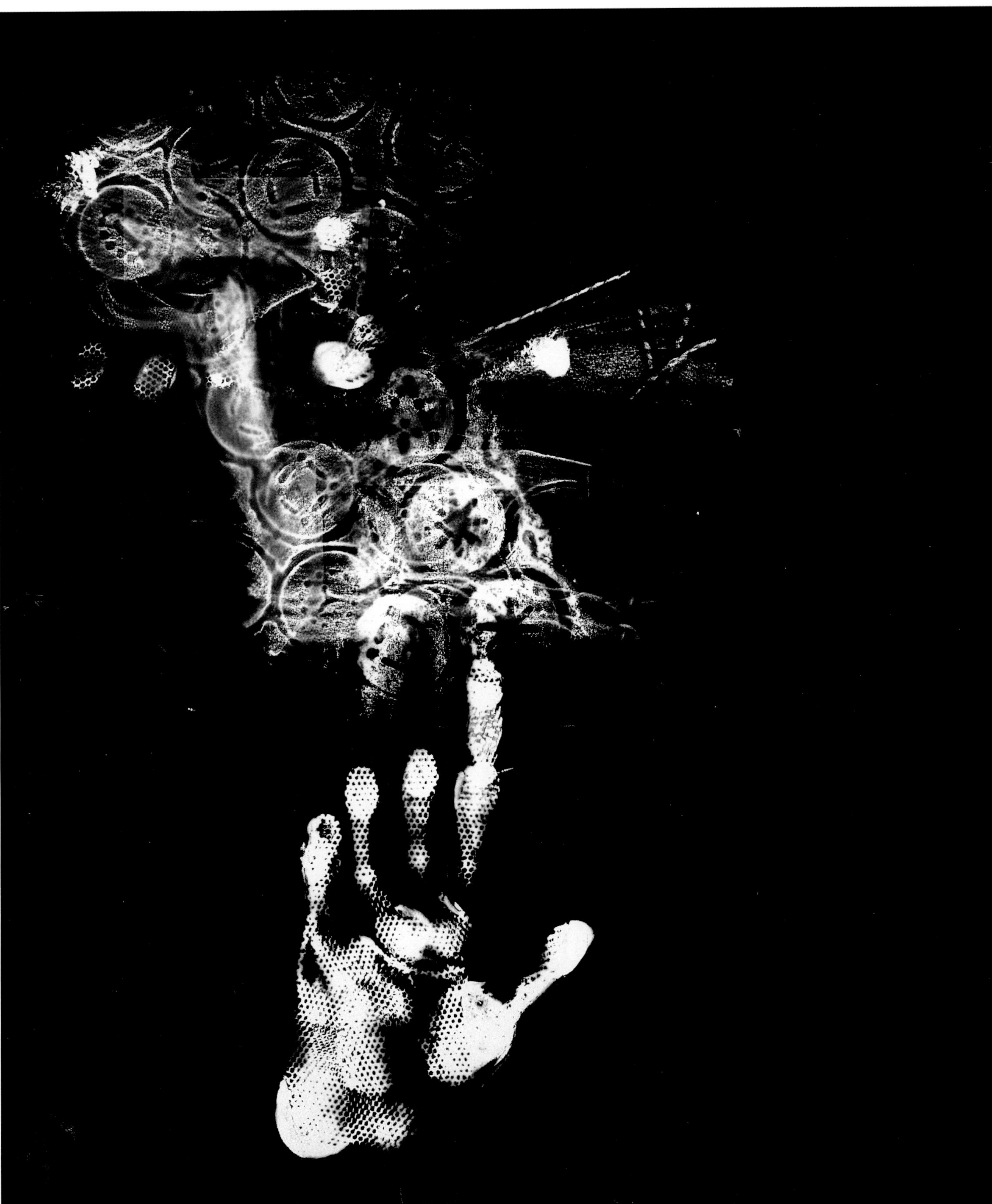

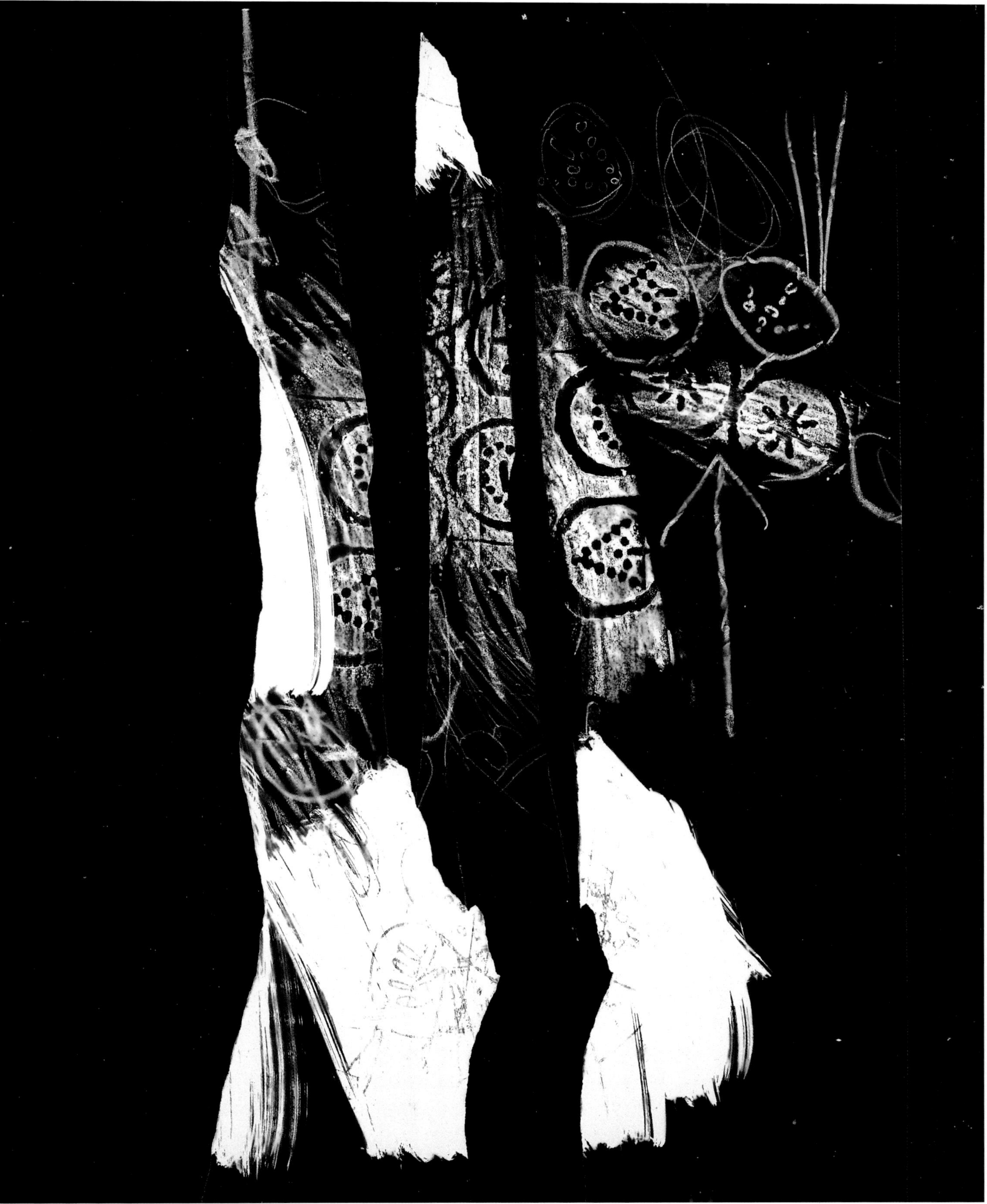

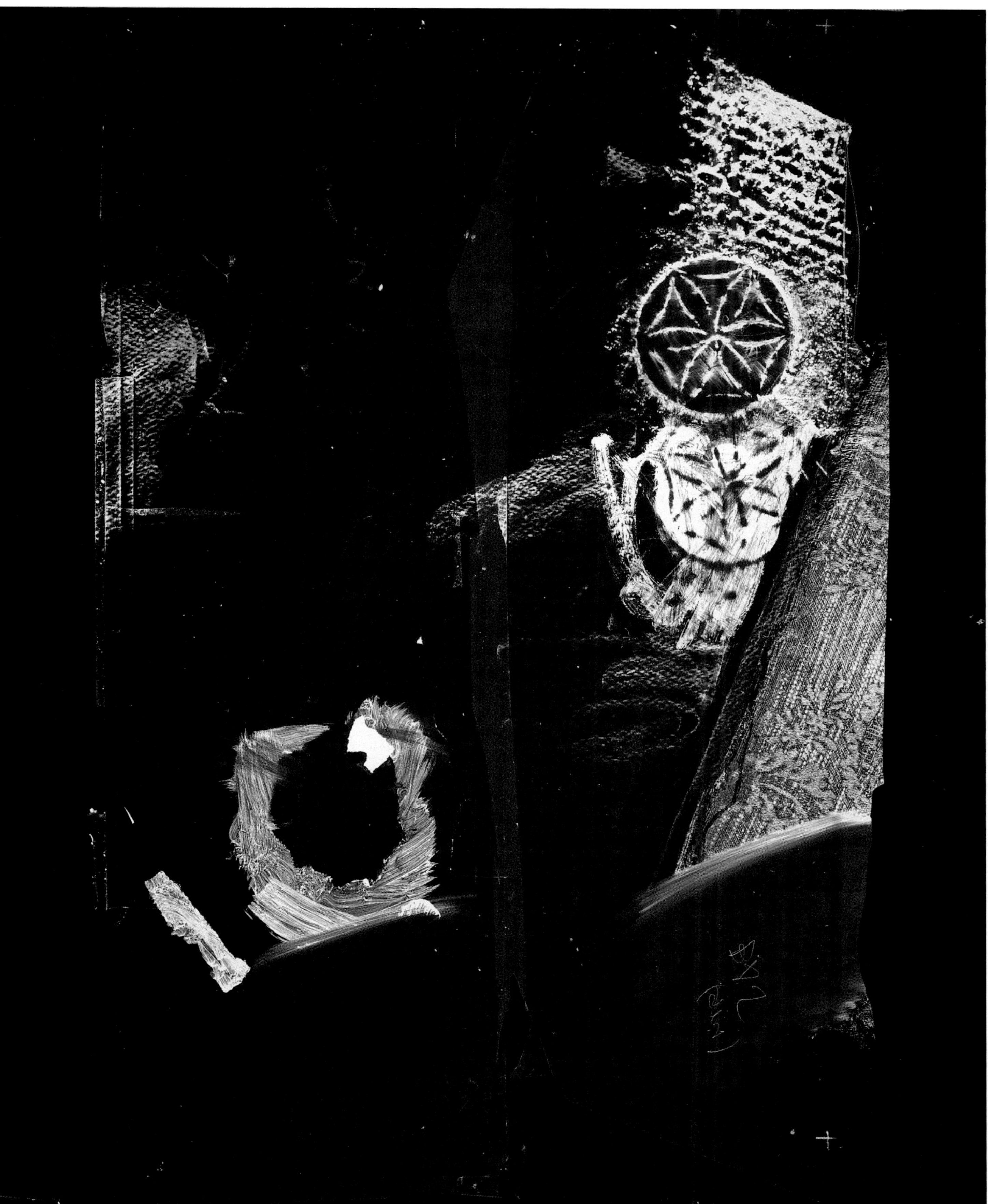

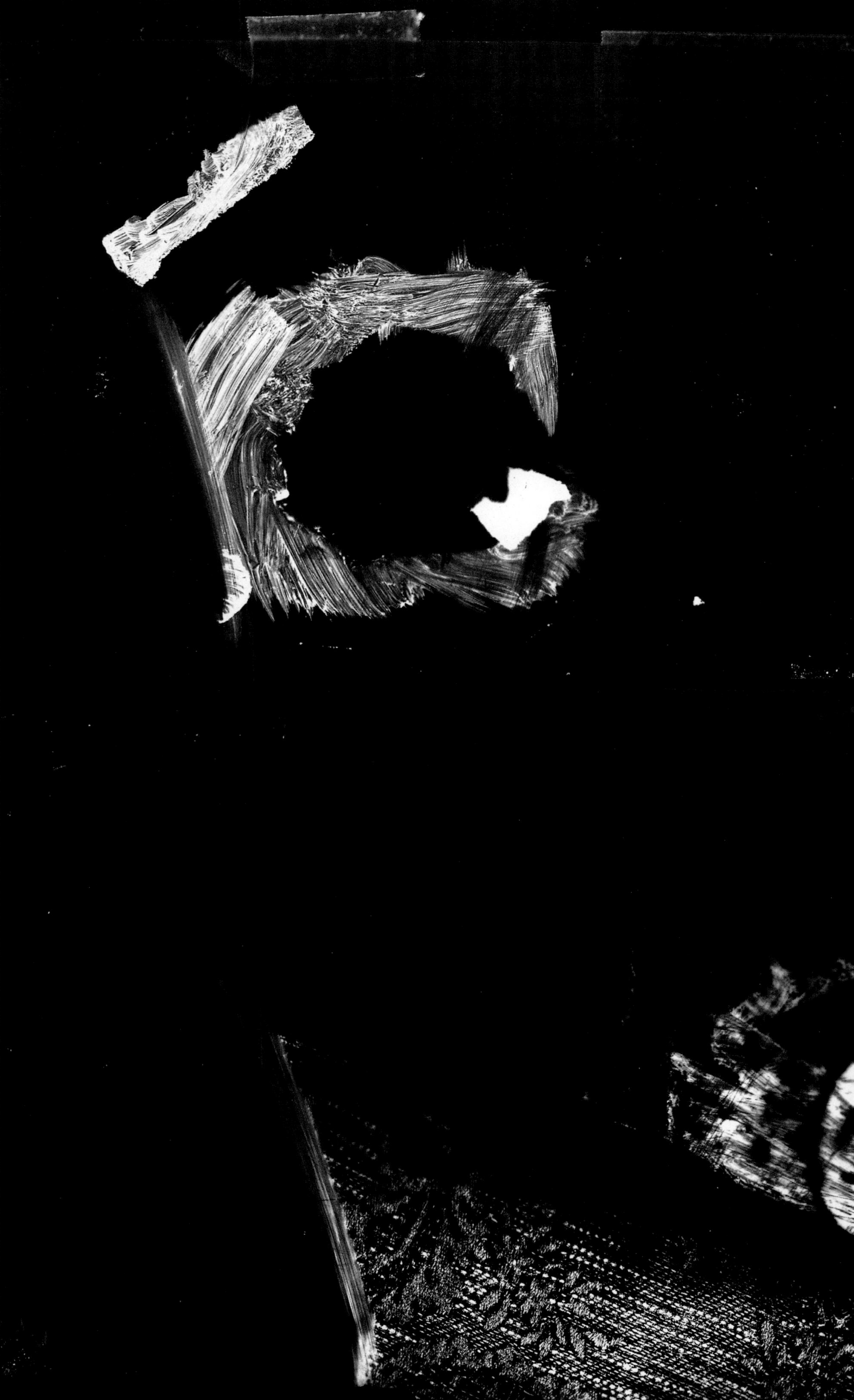

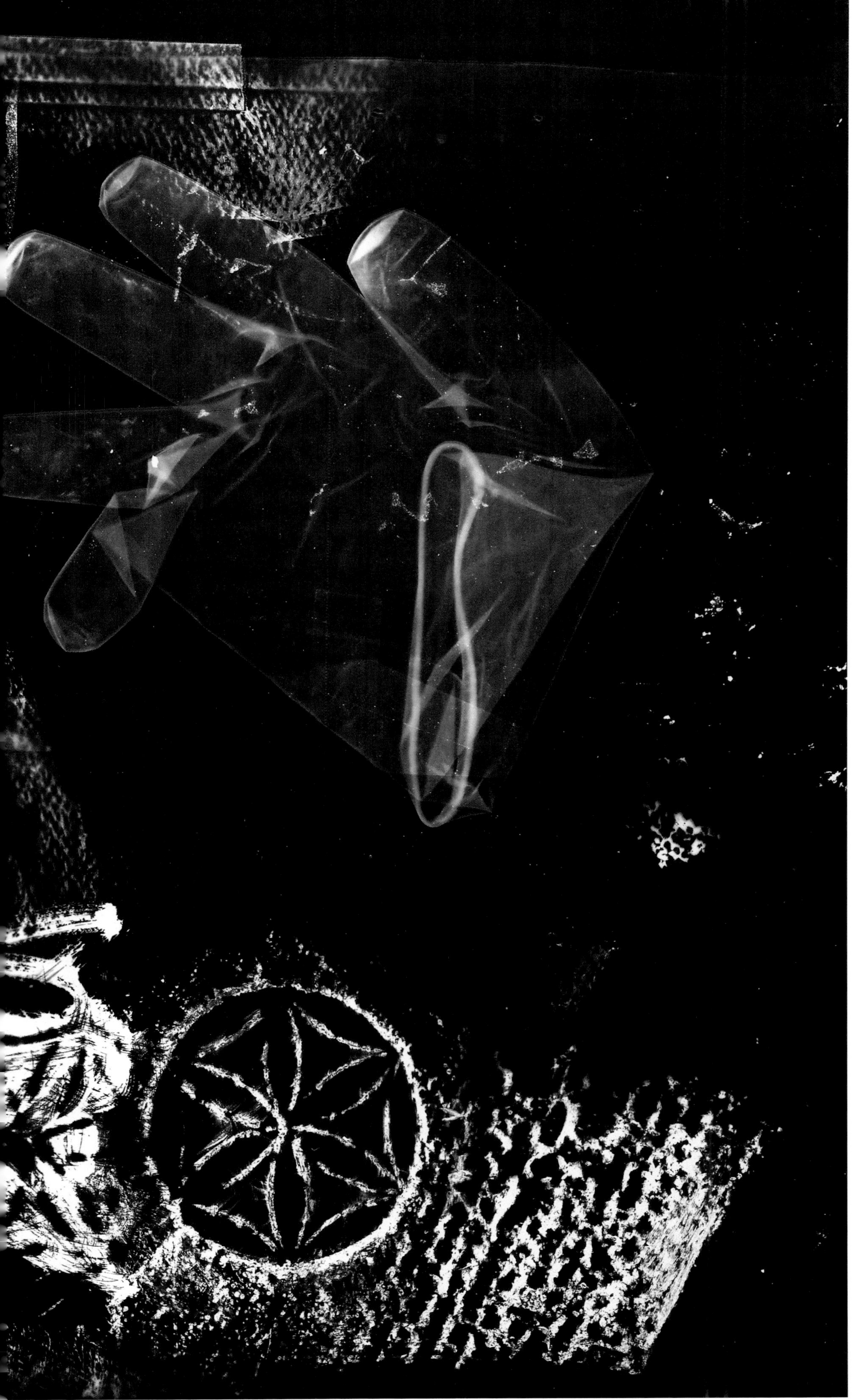

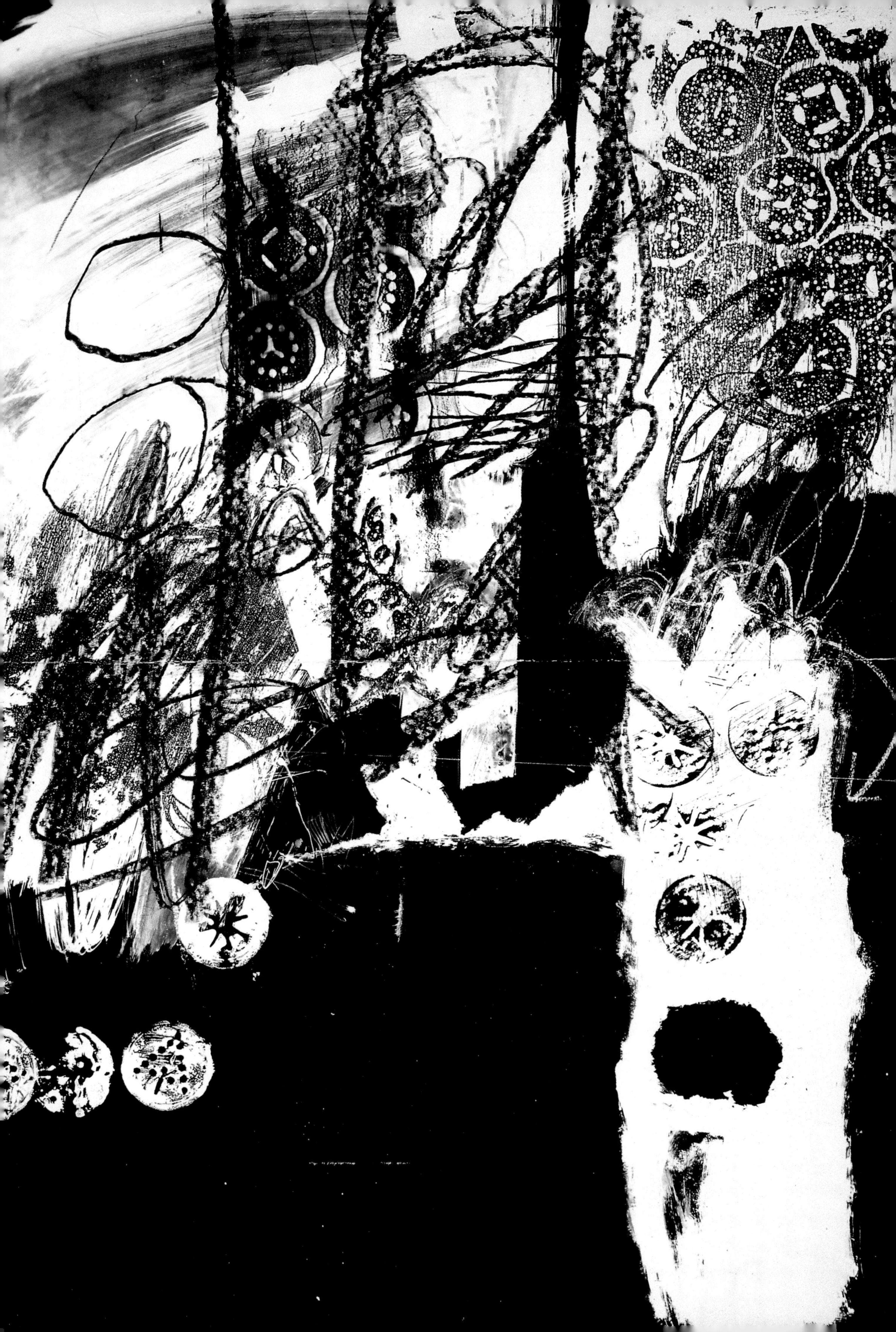

ON SÉISME
FAIT PLUS
A FAIT PLUS
MORTS
ON SÉISME
A FAIT PLUS
dans Paris séisme
COUPS
COUPS
dans Paris

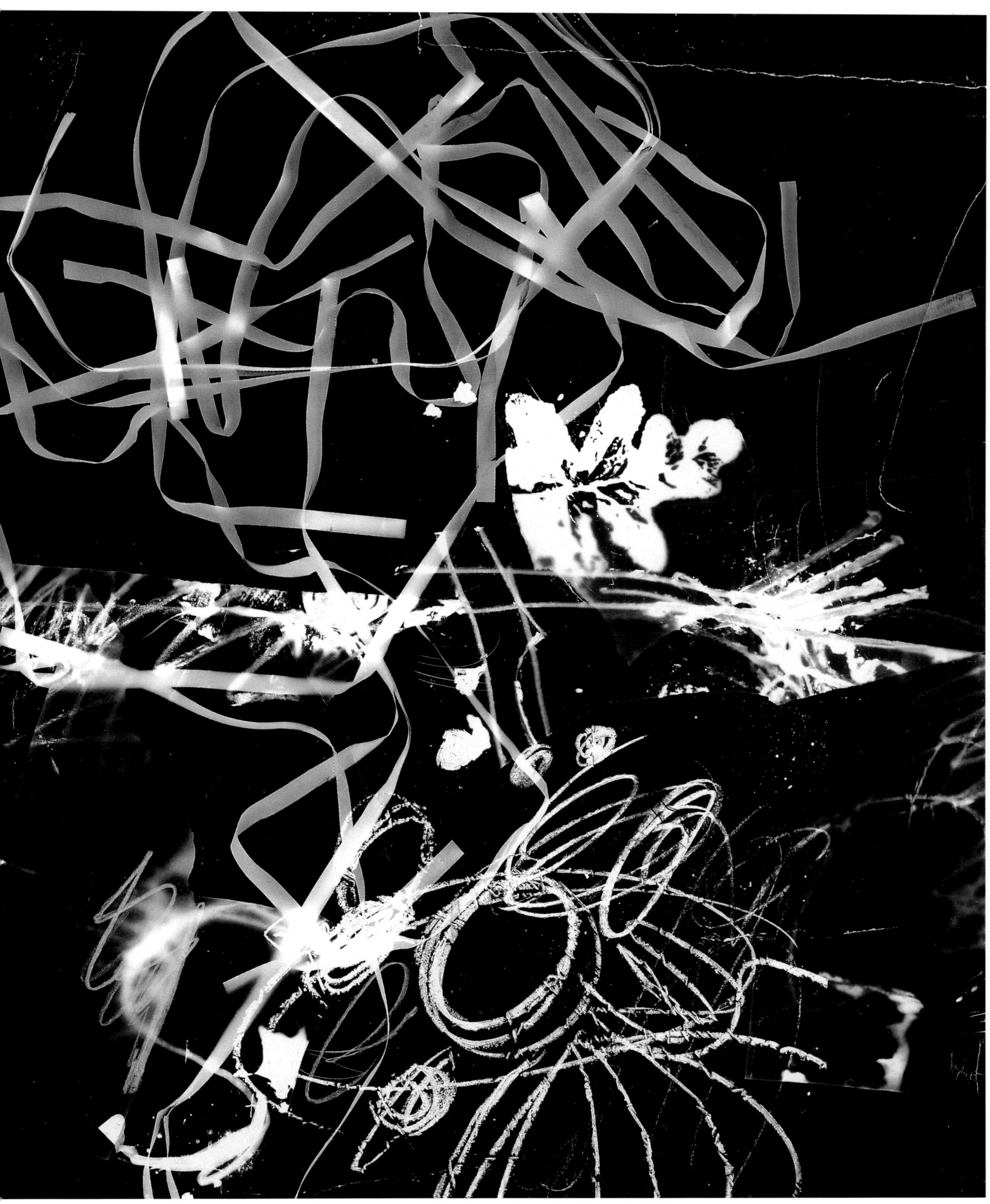

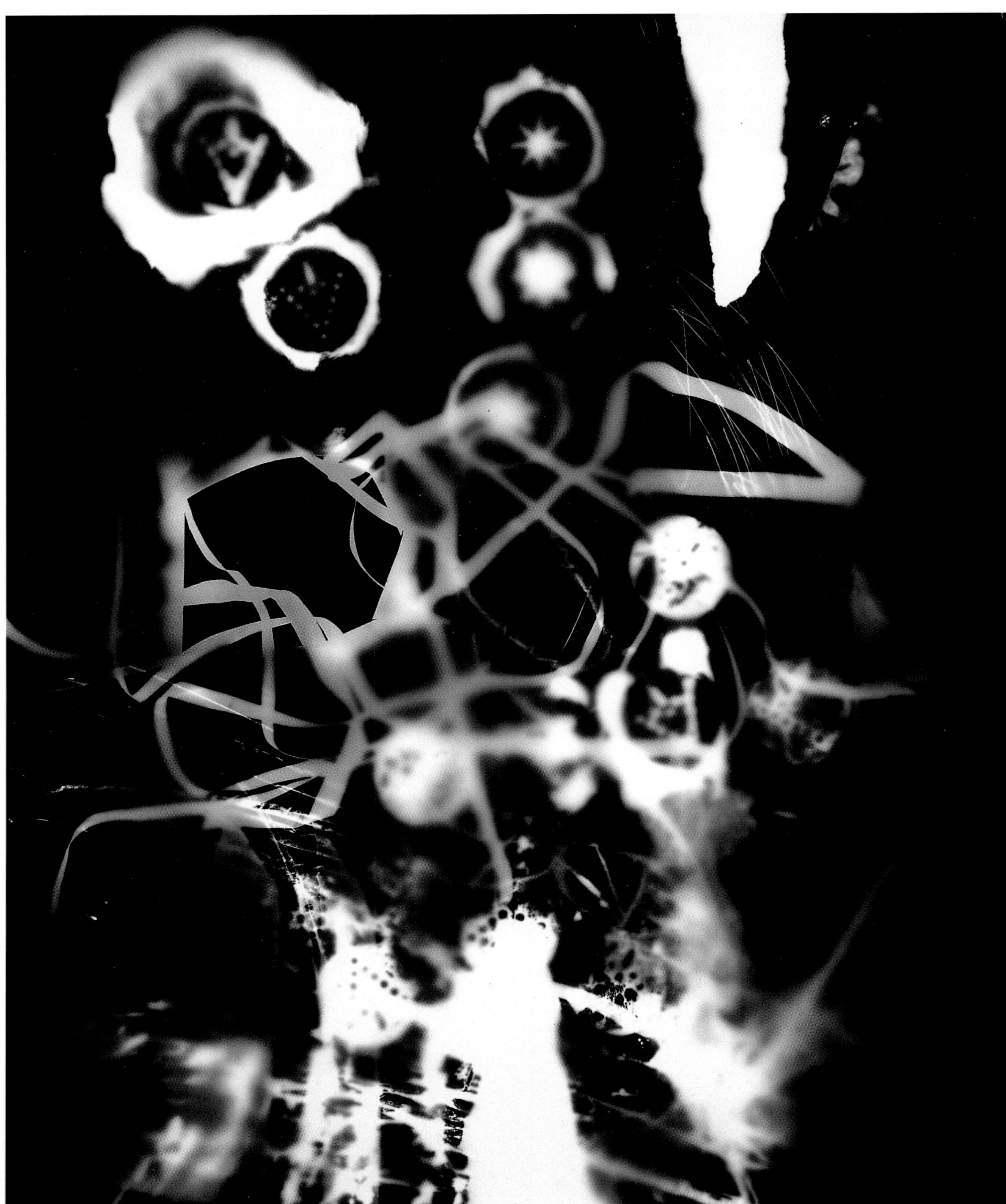

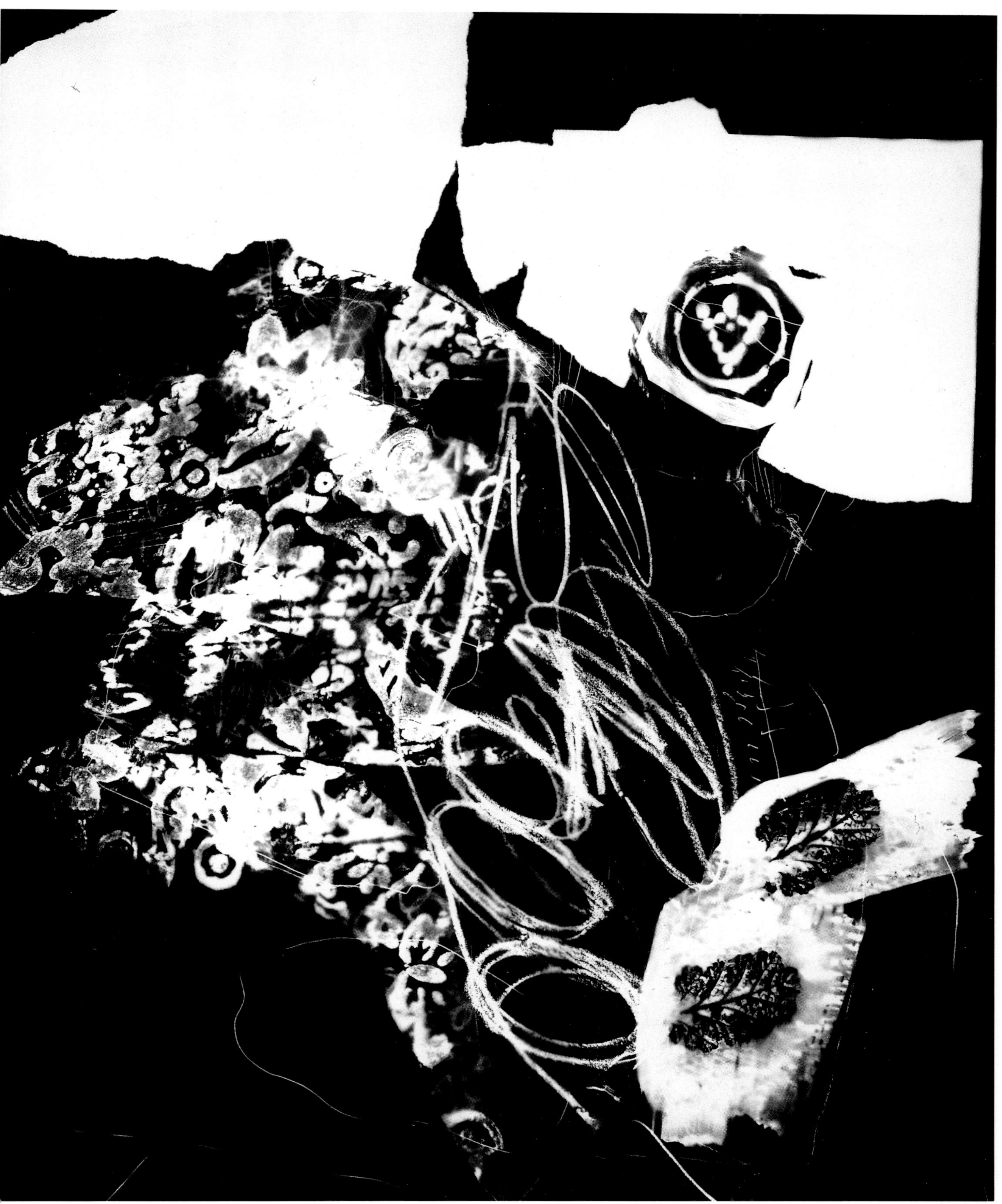

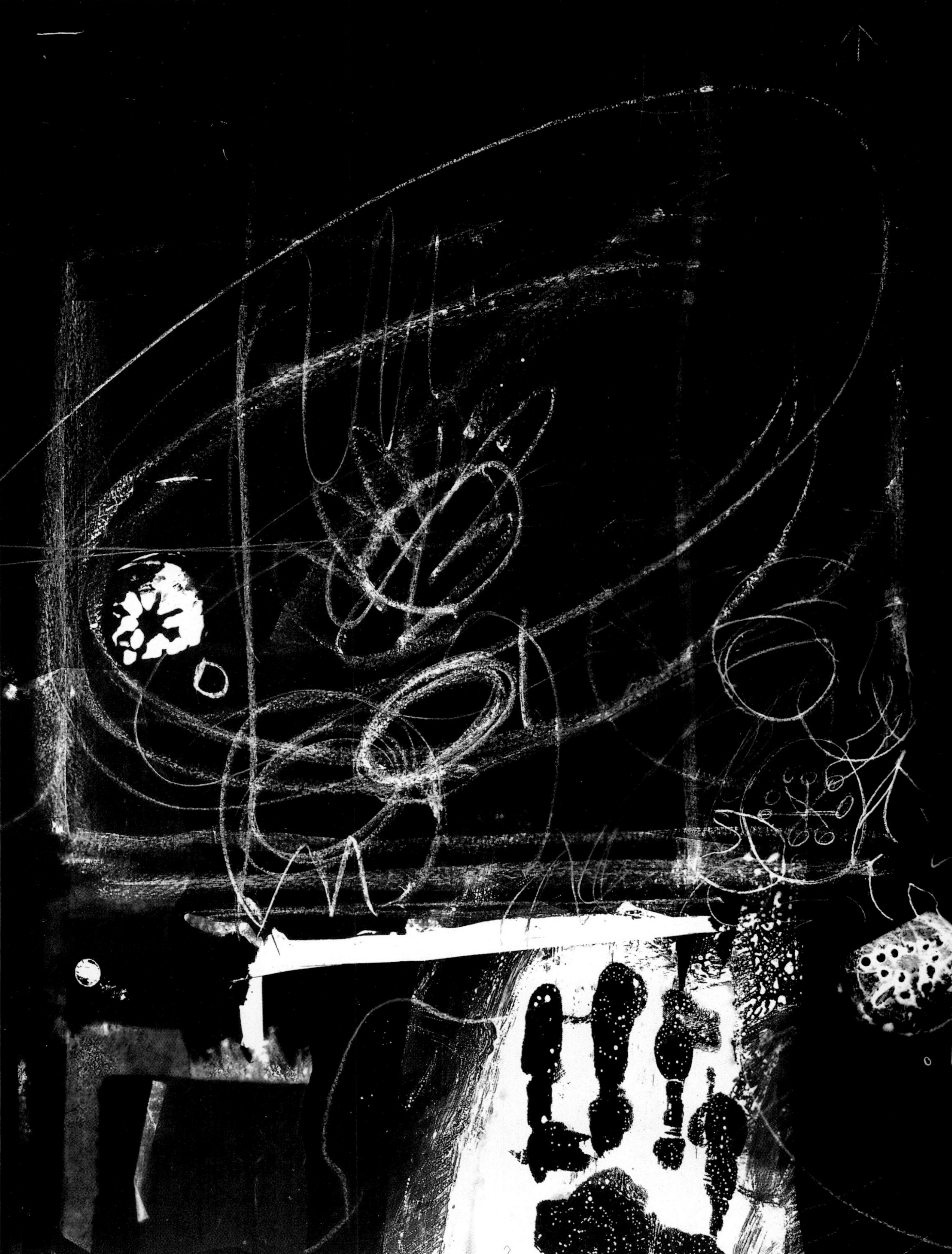

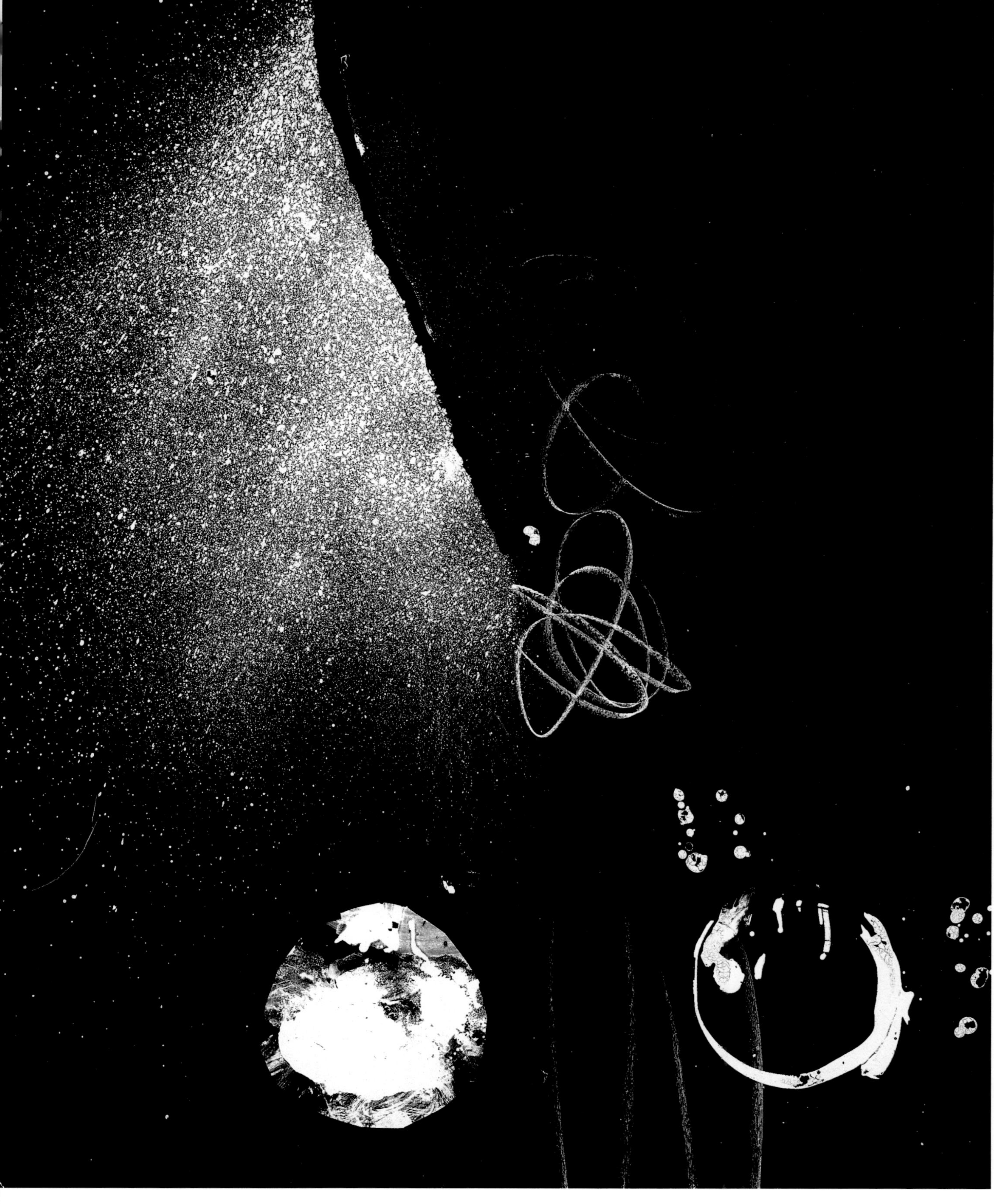

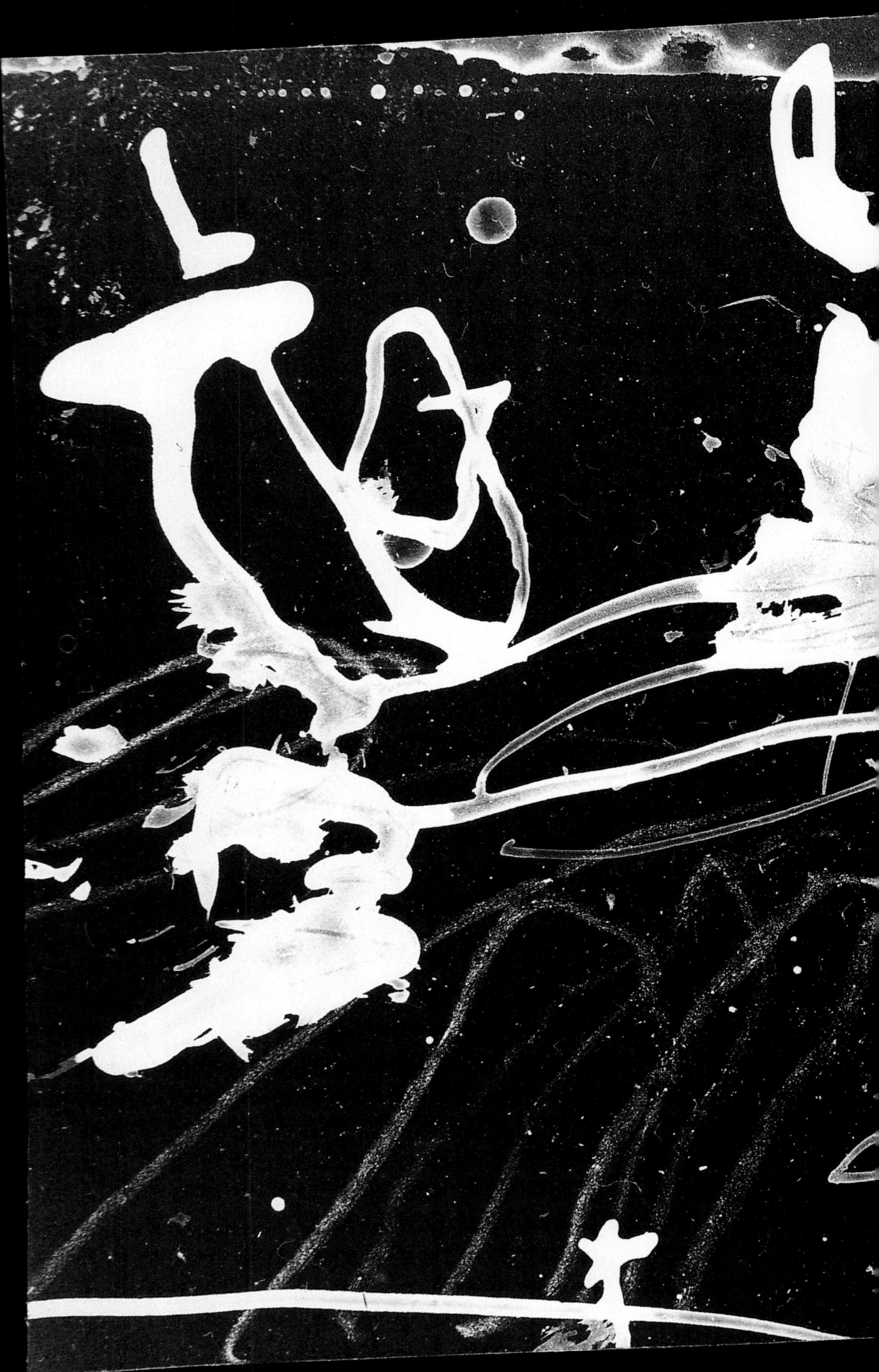

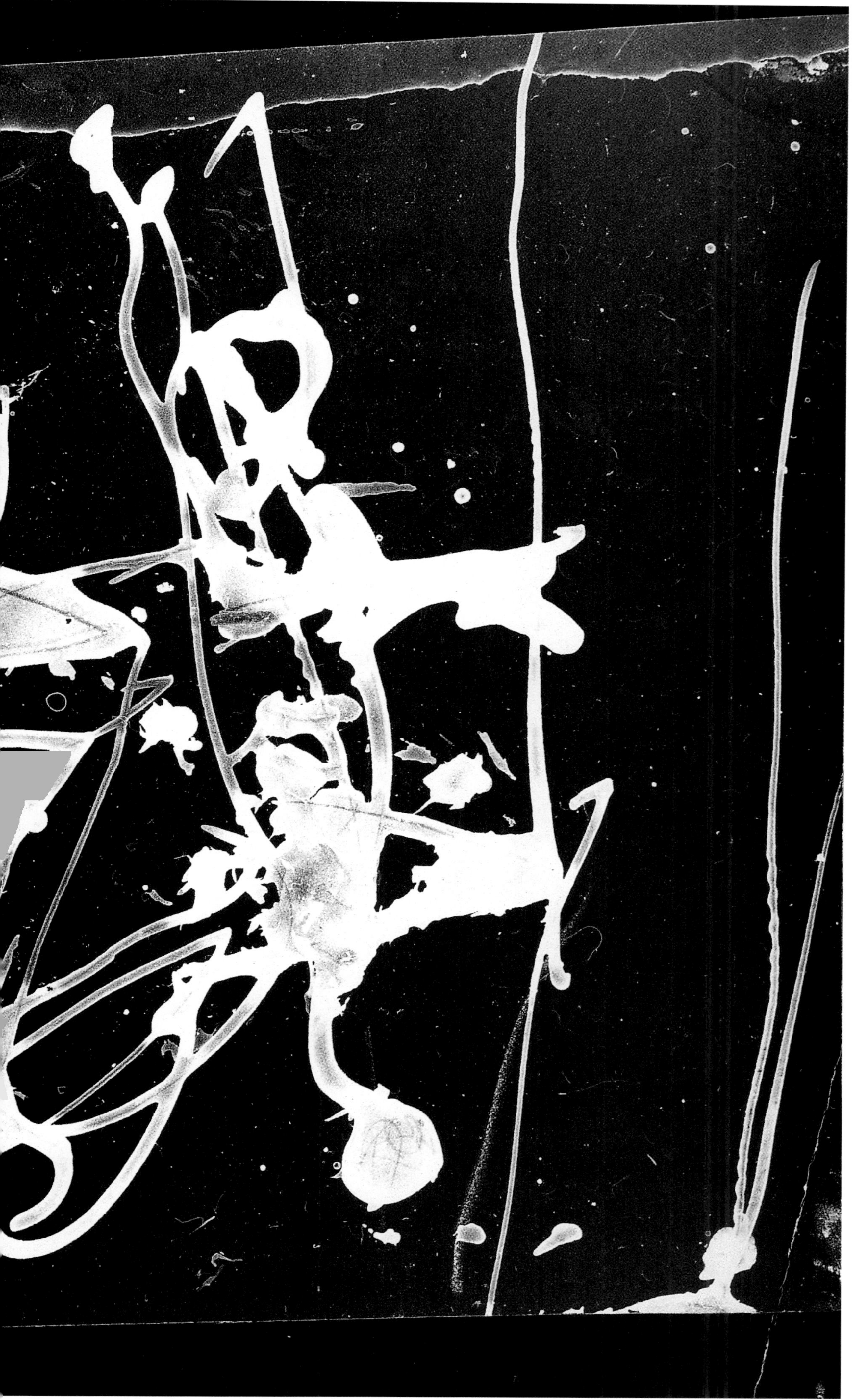

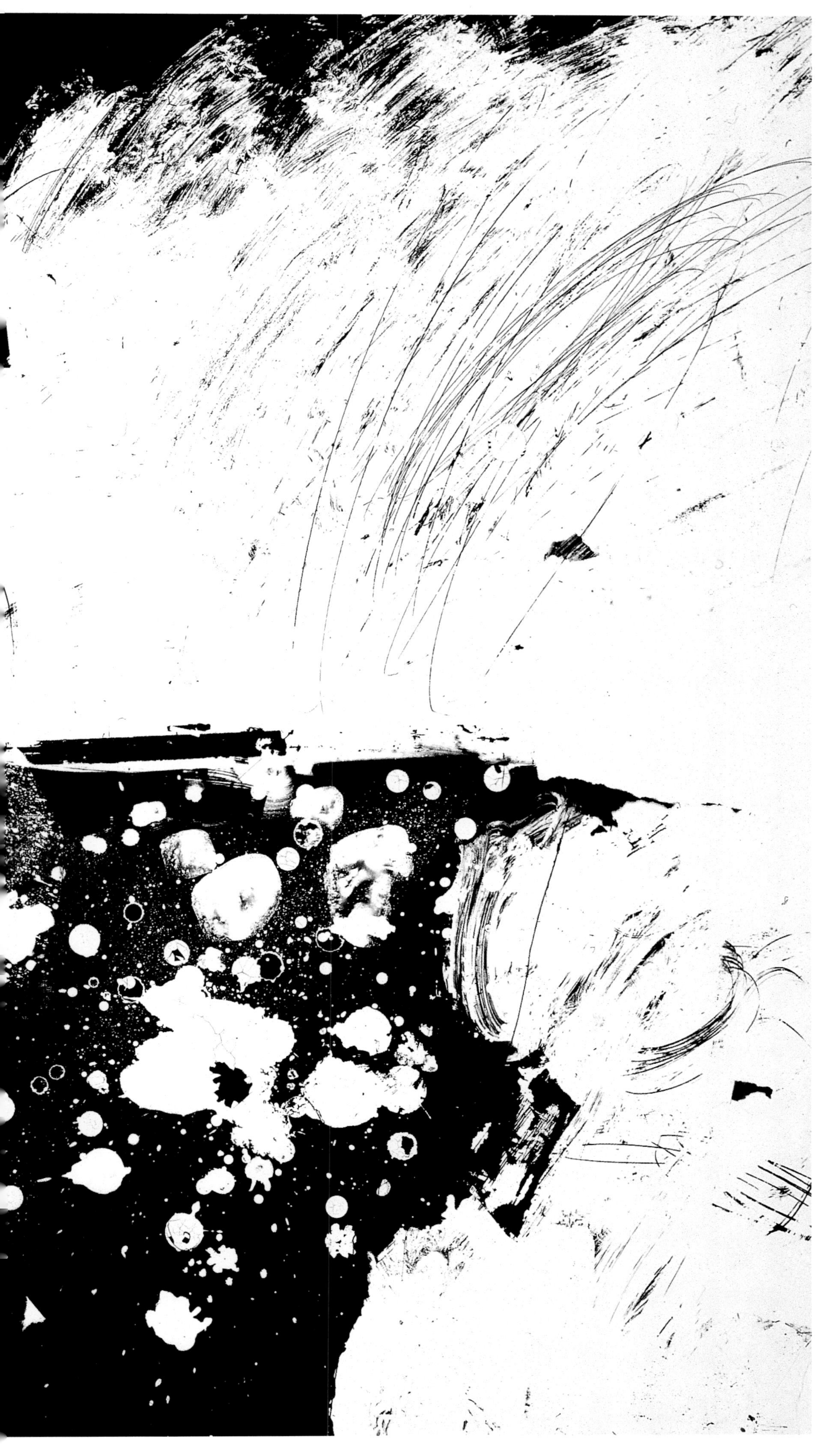

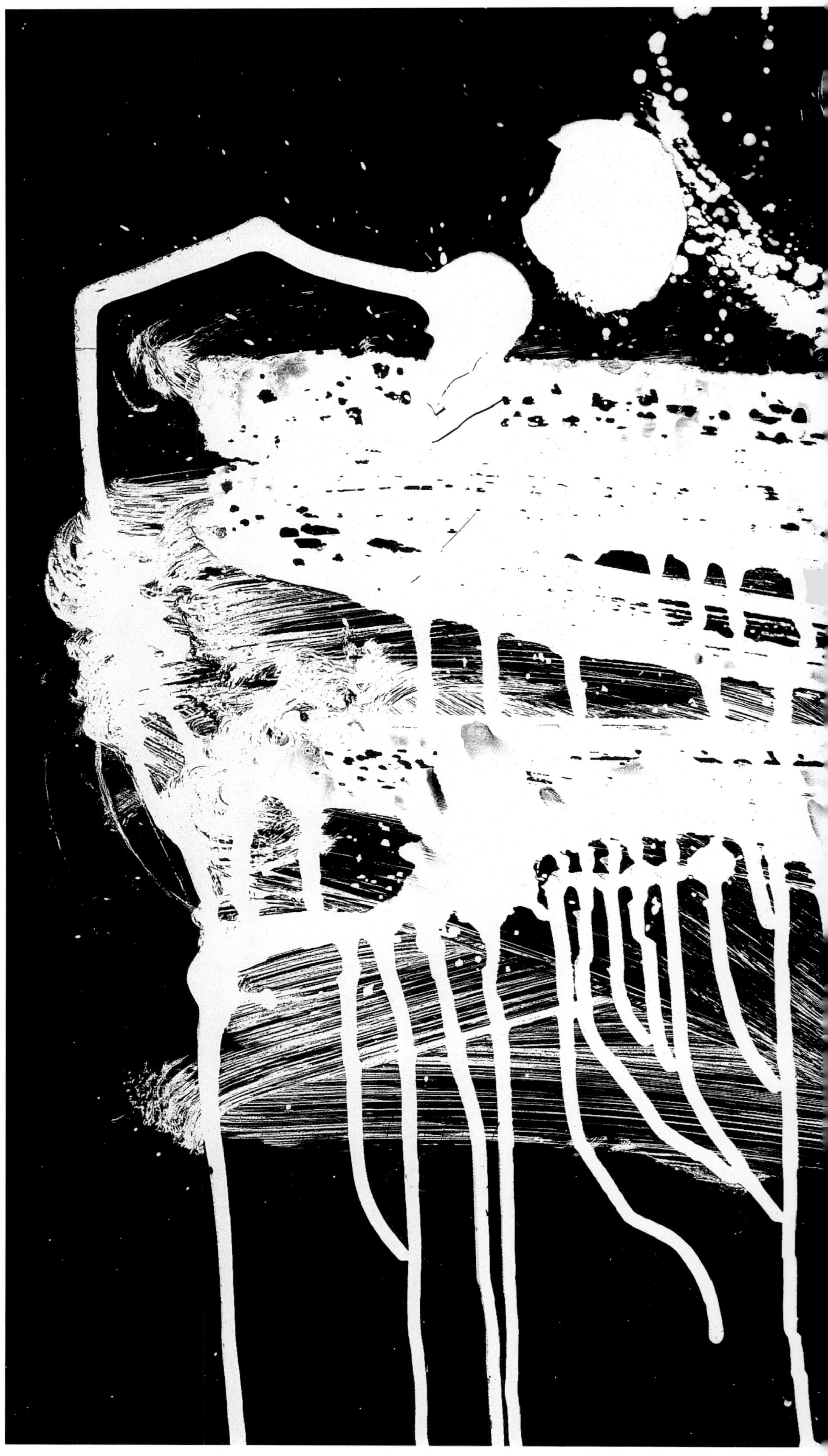

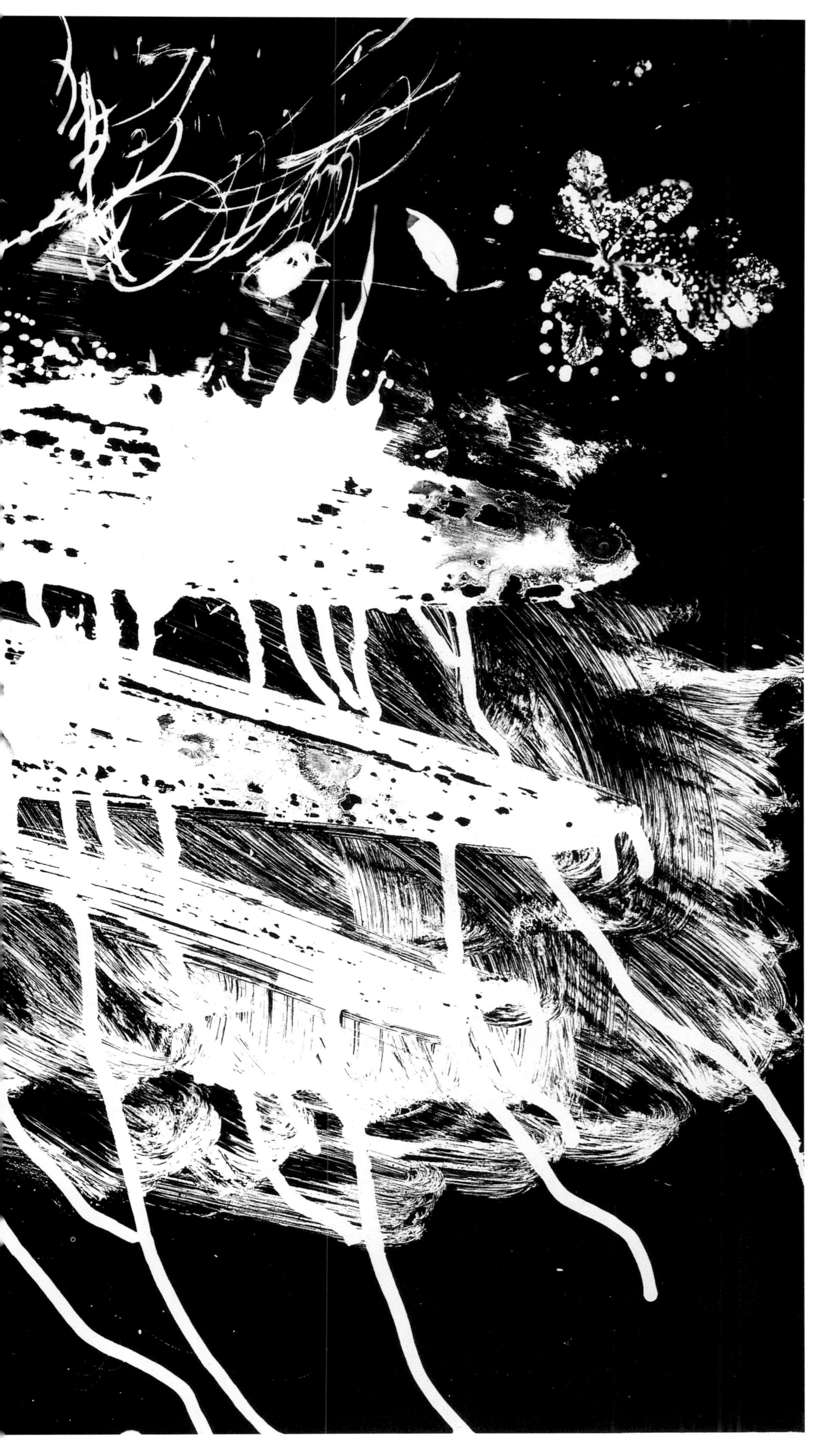

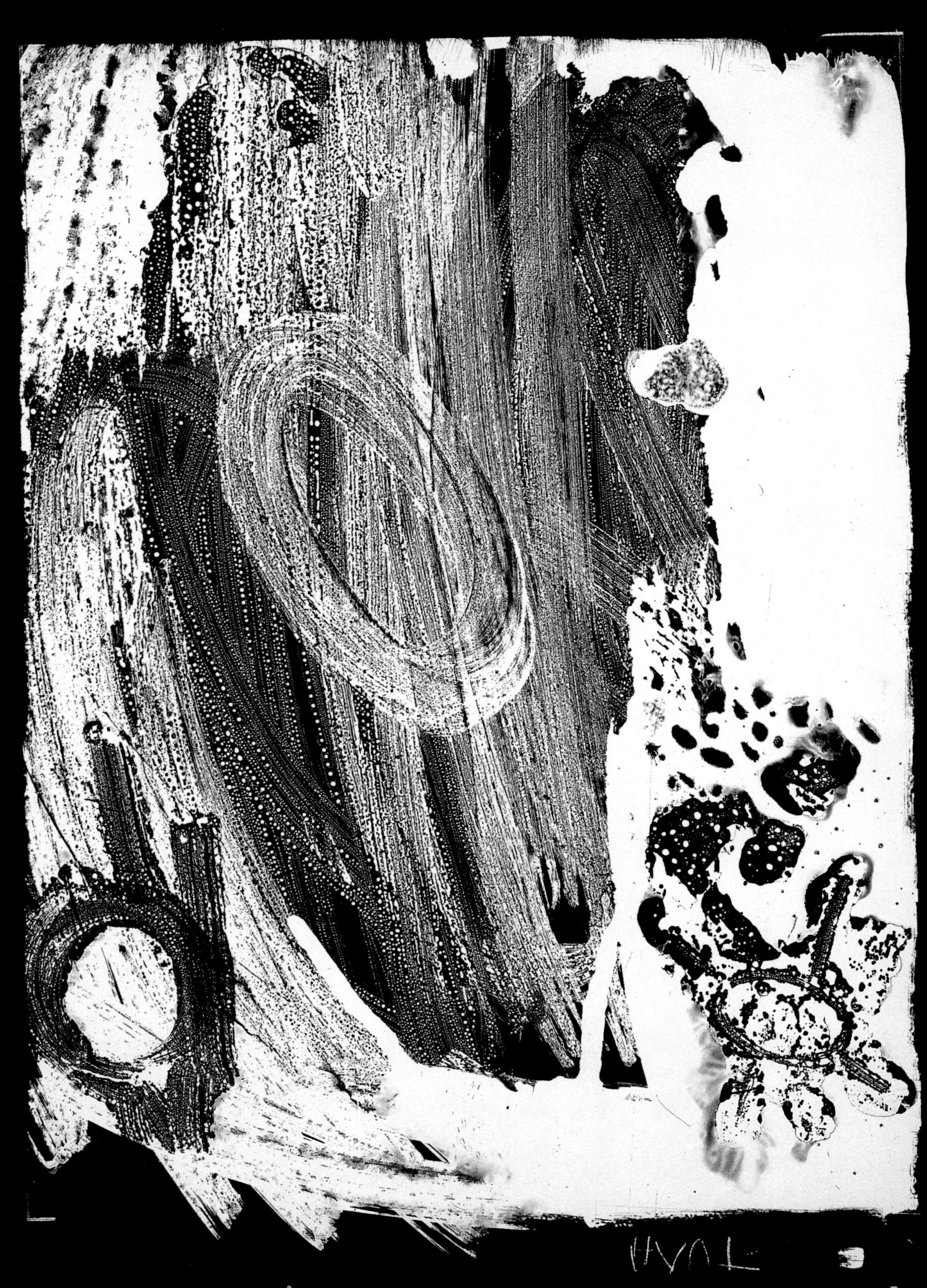

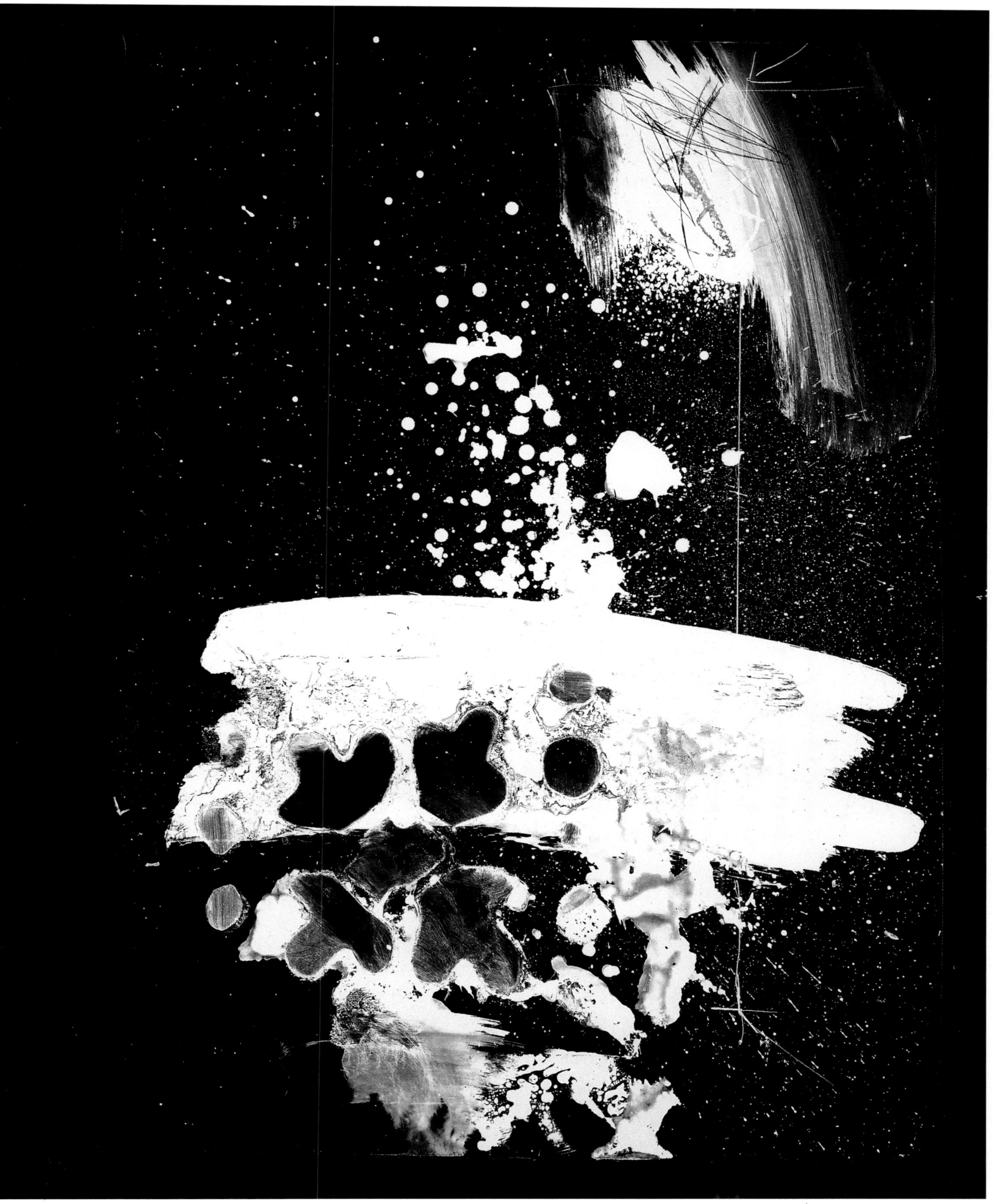

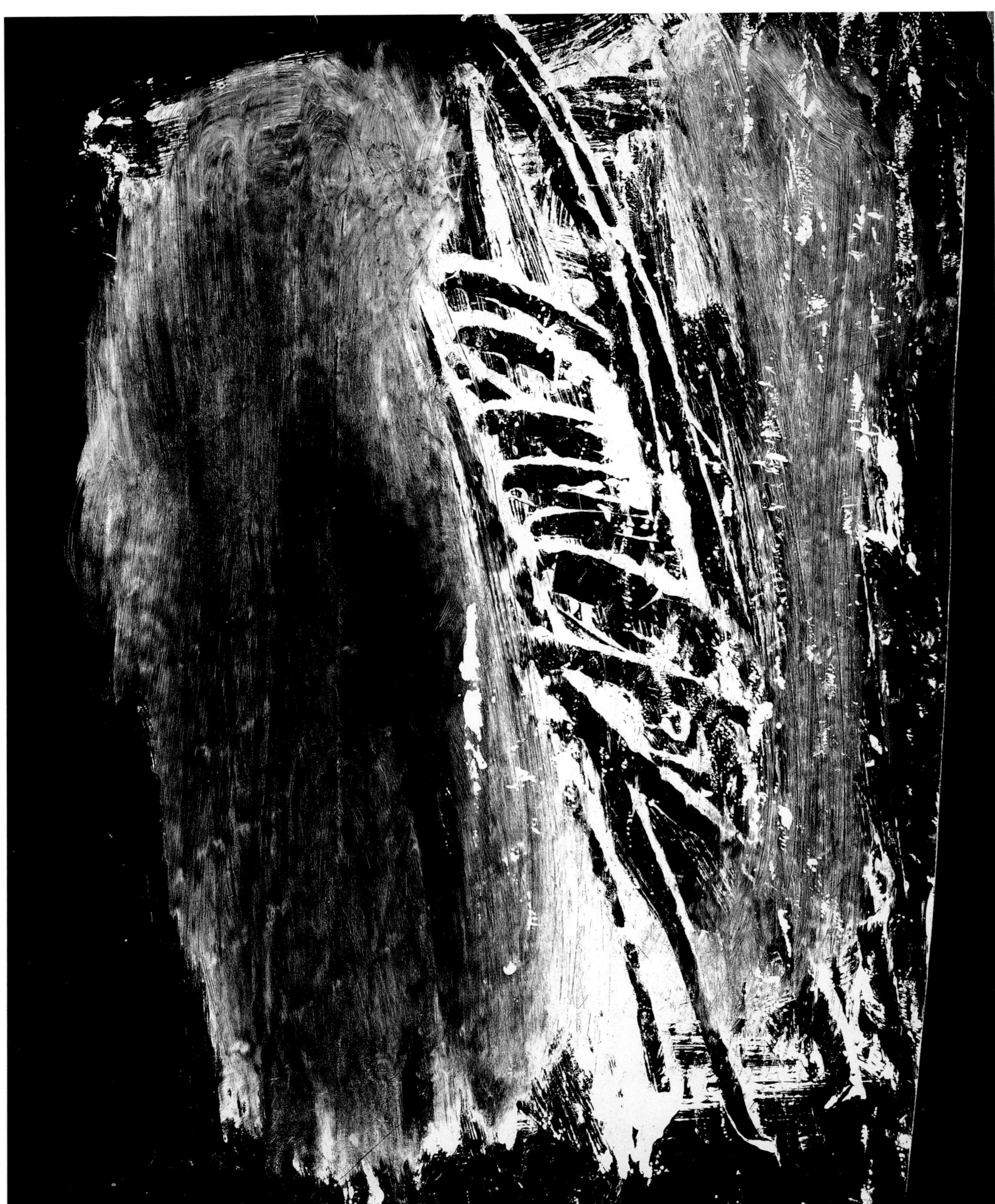

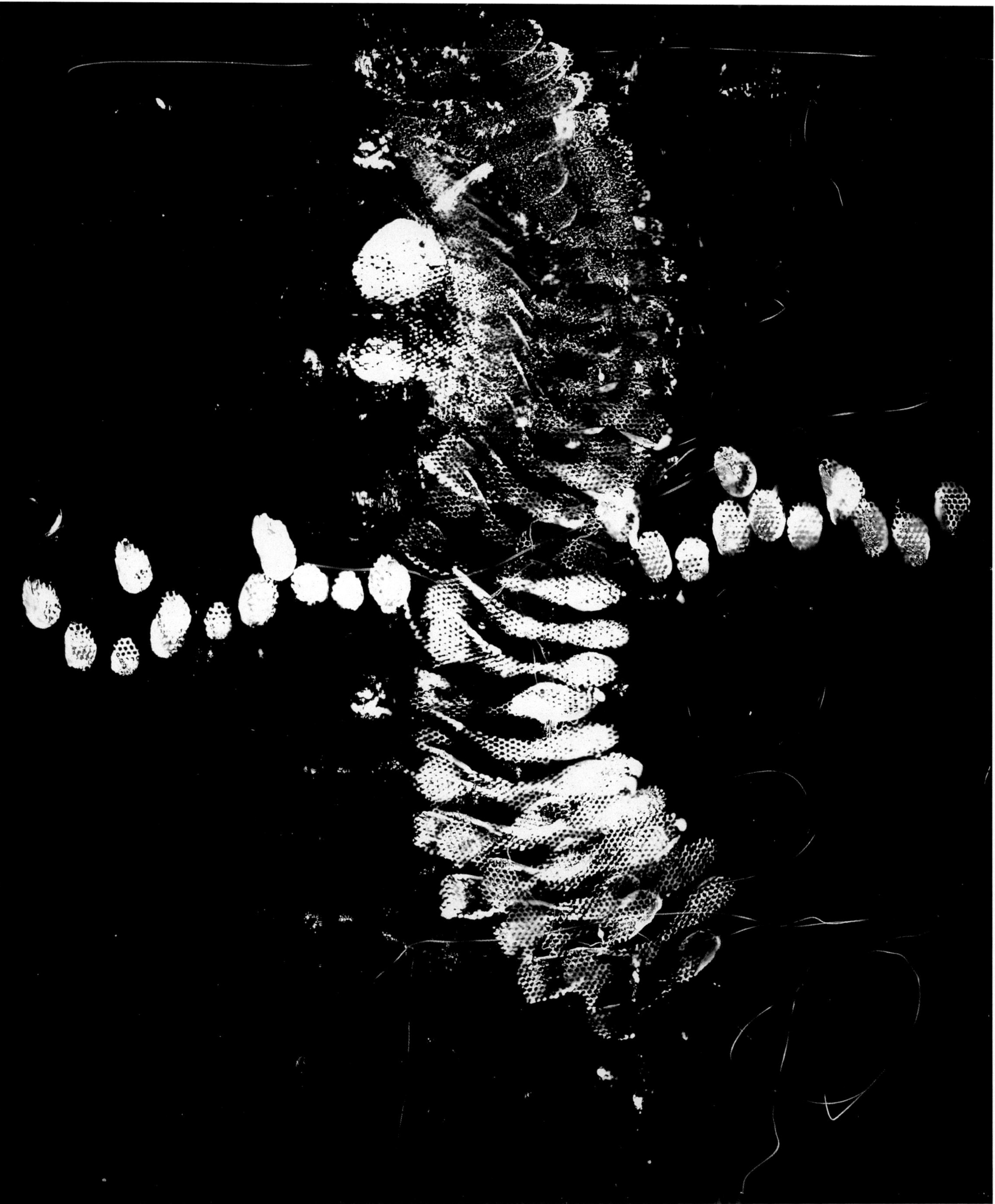

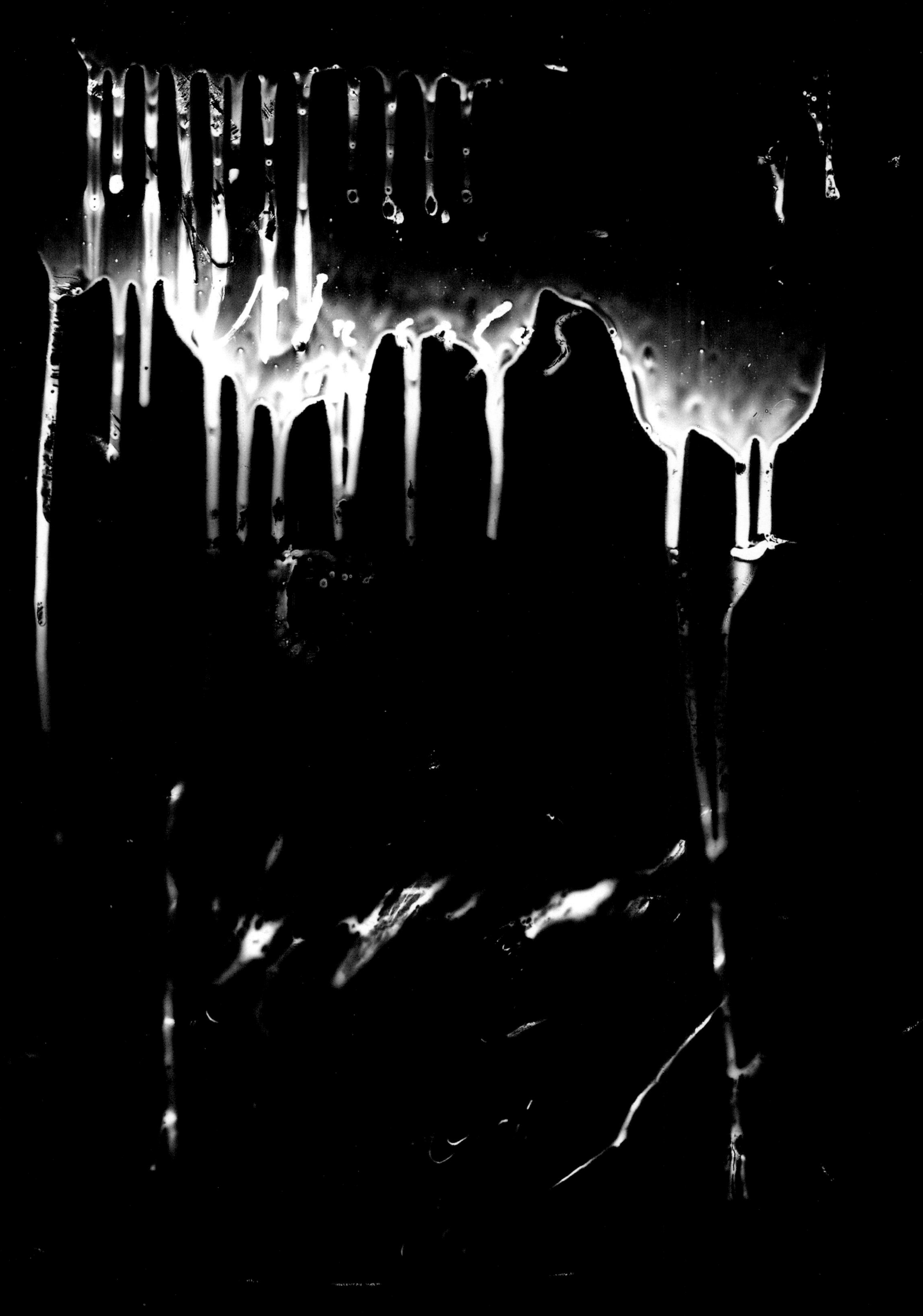

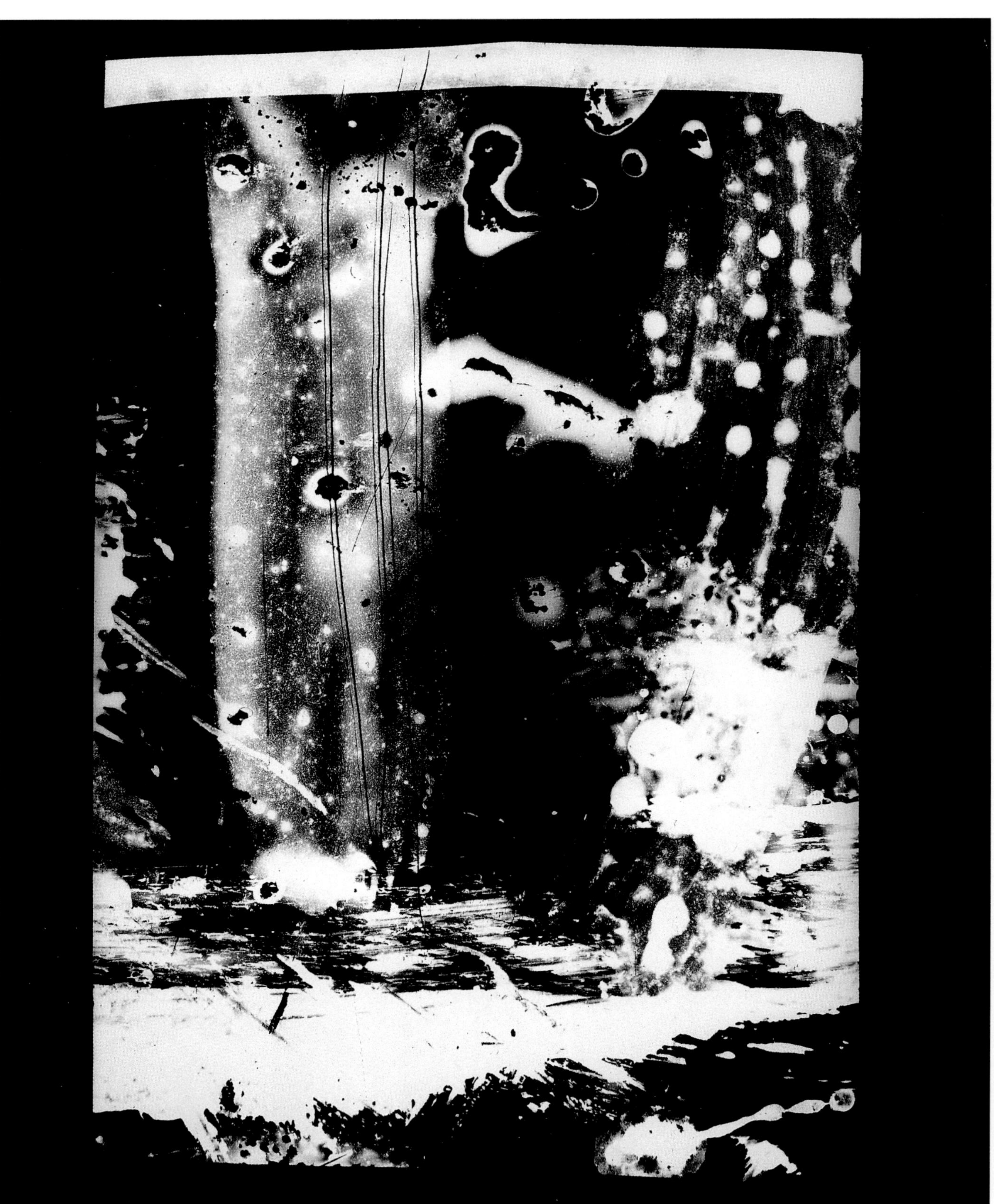

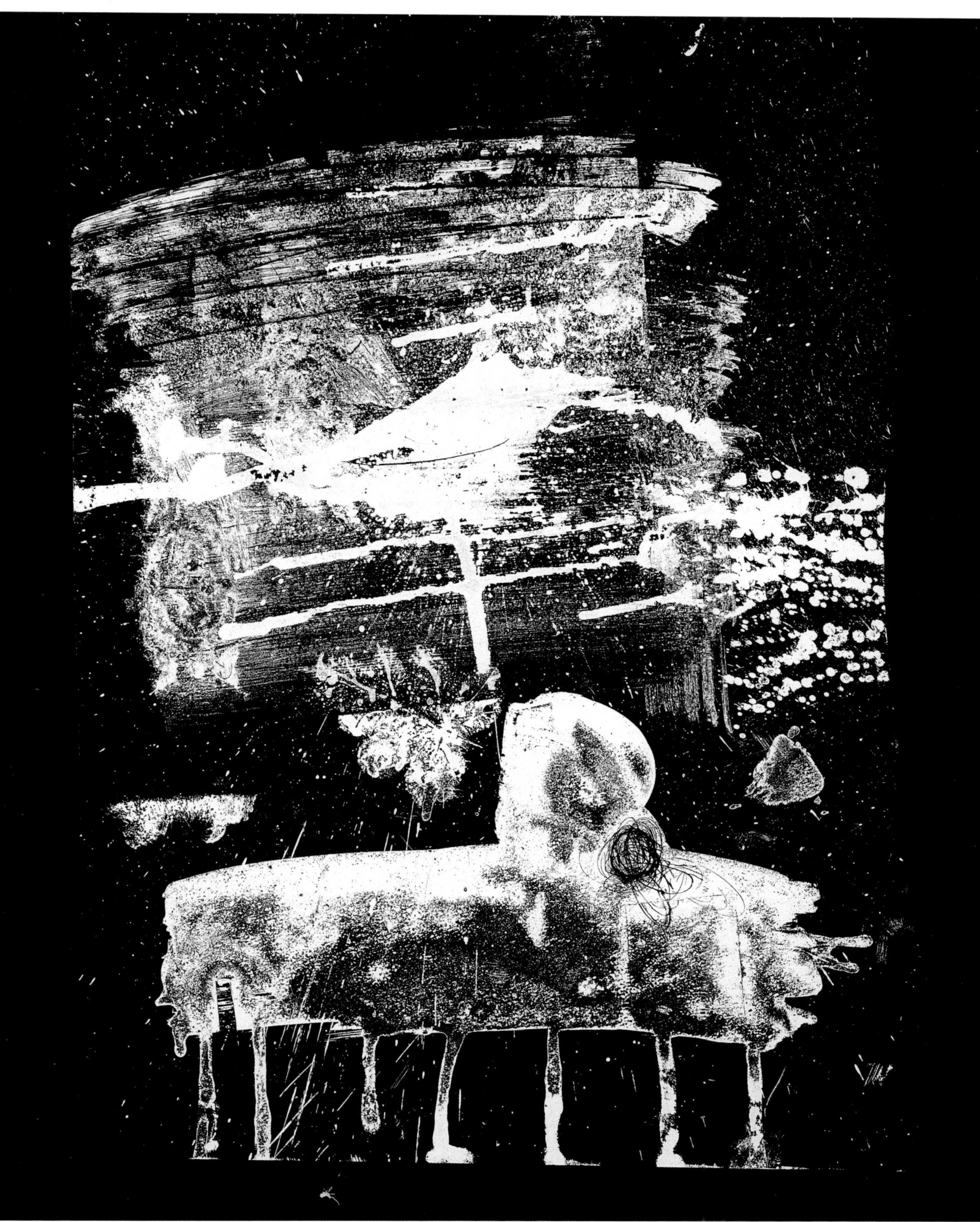

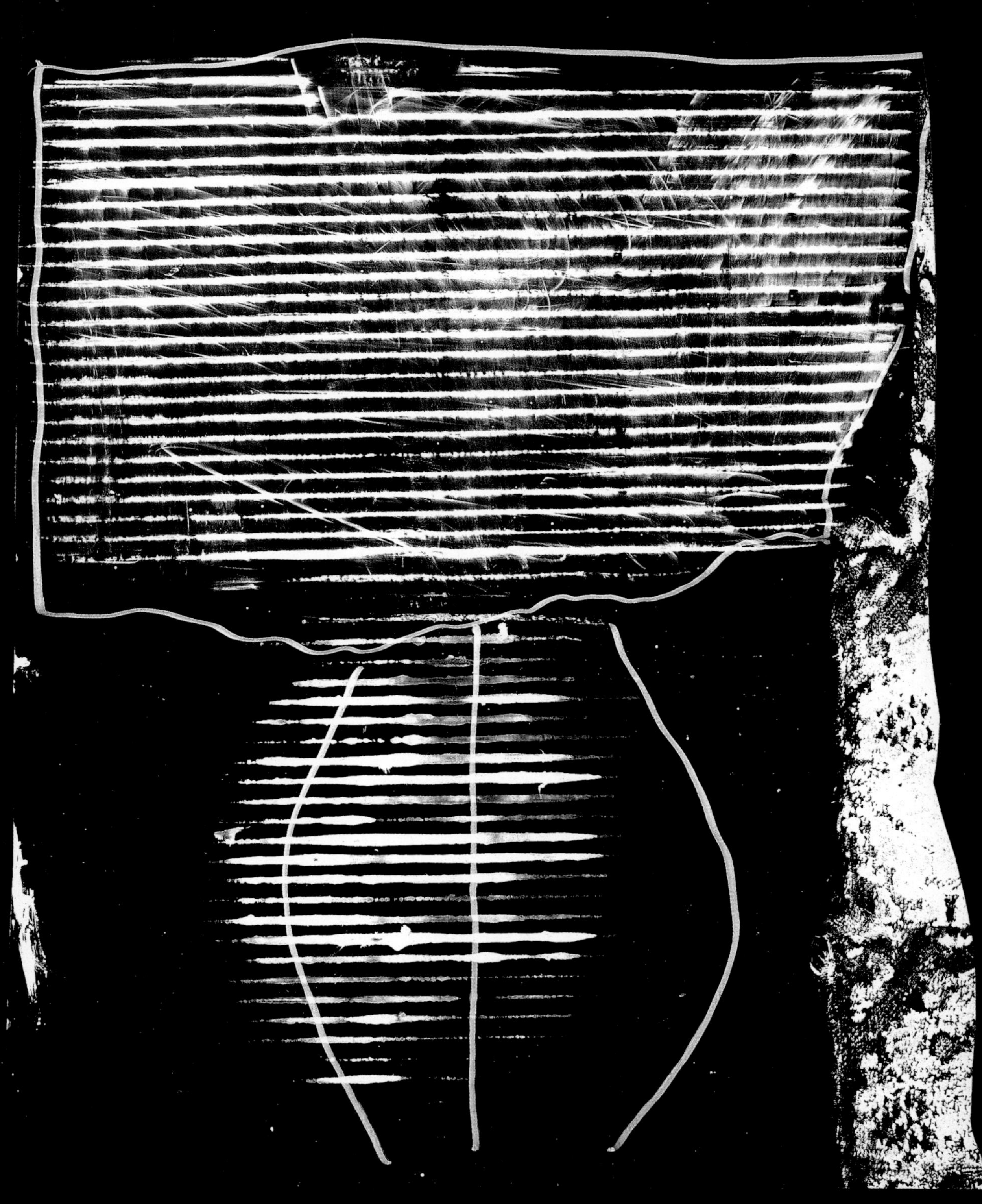

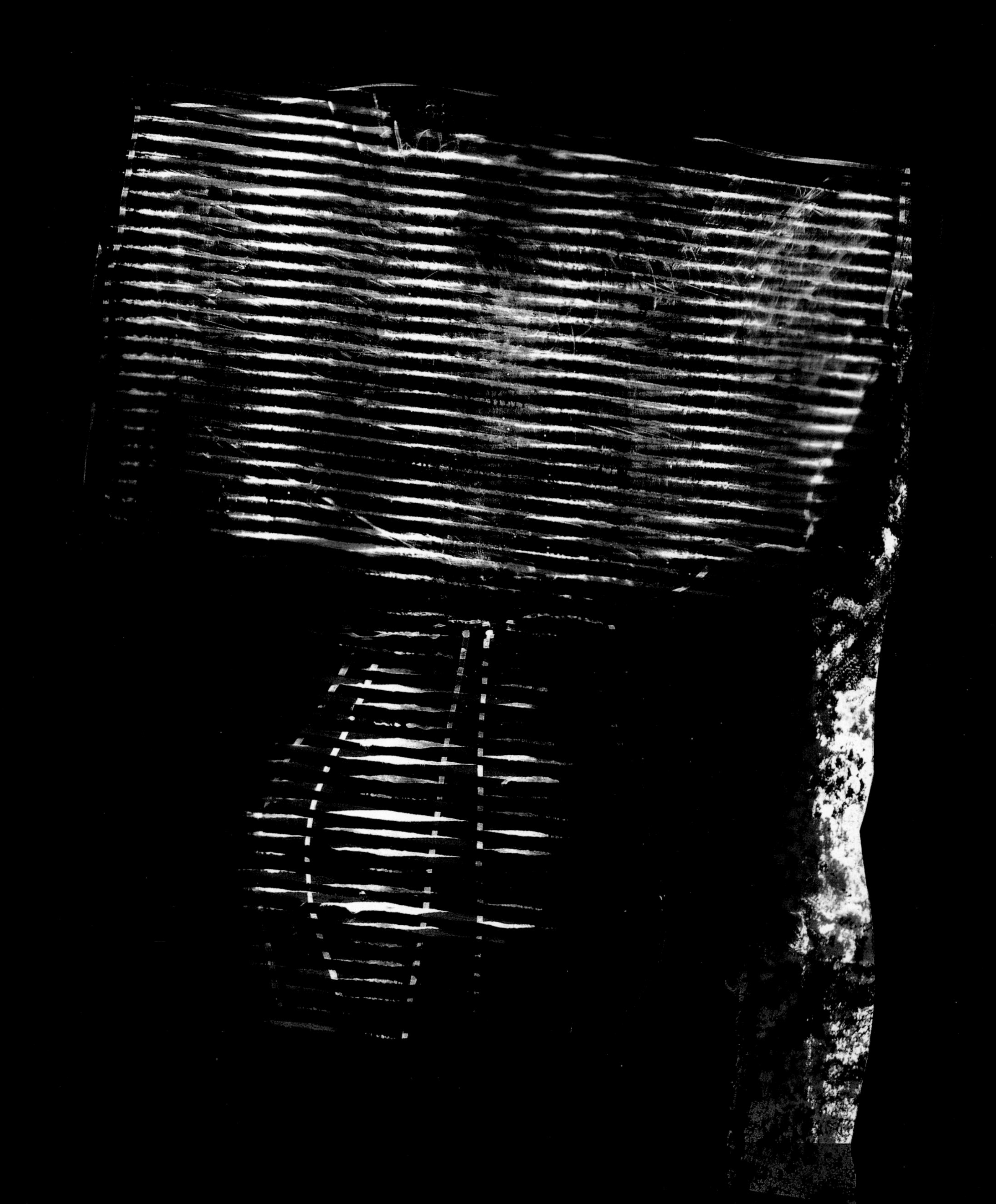

The Catalan artist Antoni Clavé i Sanmartí is both renowned internationally and honoured in his home country, having been awarded one of the Catalan Autonomous Government's highest civic honours in 1984. Now 85, he has created a remarkable body of work pervaded by youthful intimacy and playfulness, by irony and lyricism, in a constant process of creation and re-creation. Now Clavé has surprised us with the works in this exhibition. Staged first in Barcelona as part of the Primavera Fotogràfica later in Paris at the Sorbonne's Centre for Catalan Studies and finally at the Museu d'Art Modern de Tarragona. It illustrates a little-known facet of Clavé's oeuvre: his work in the medium of photography. It is a pleasure to see that a Clavé – be it a poster, a tapestry, an engraving, a sculpture, a painting or, now, a photograph – is always unmistakably a Clavé.

The great critic Waldemar George expressed a very similar notion when, amidst the prodigious creativity of the 1920s, he published a brief essay entitled "Photografie, vision du monde" in the magazine "Formes": "A man will take photographs just as he paints, just as he sculpts: with the eyes of his soul."

That man is now Antoni Clavé, a Catalan artist of international stature who, in these splendid photograms, has again expressed what he has seen by seeking – and finding – an inner rather than an outer light.

JOAN MARIA PUJALS
Minister of Culture of the Autonomous Government of Catalonia

Antoni Clavé i Sanmartí, Medalla de oro de la Generalitat de Catalunya (1984), es uno de los creadores del arte catalán contemporáneo con una presencia internacional más notable.
Con ochenta y cinco años recién cumplidos, su obra singular pone de manifiesto una juventud íntima constantemente recreada, el mismo espíritu travieso, la misma ironía y el mismo lirismo que siempre lo han caracterizado.
Ahora nos sorprende con esta exposición de fotografías que presentamos primero en Barcelona, en el marco de esta nueva Primavera Fotográfica, justo después en París, en el Centre d'Études Catalanes de la Sorbona, y finalmente en el Museu d'Art Modern de Tarragona.
Es un placer ver de qué manera, ya sea en cartel, tapiz, grabado, escultura o pintura, un Clavé es siempre, invariablemente, un Clavé. Y cómo, ahora, lo es también en fotografía.
Ya lo decía en los años veinte, que fueron unos años de creatividad prodigiosa, el gran crítico Waldemar George que dio a conocer en la revista "Formes" el breve ensayo "Photographie vision du monde": "Un hombre fotografía de la misma manera que pinta, de la misma manera que esculpe: con los ojos del alma."
Este hombre es ahora Antoni Clavé, el catalán universal, que ha plasmado en unos espléndidos fotogramas lo que él ha visto con unos ojos que han buscado –y han encontrado– la luz hacia dentro más que hacia afuera.

JOAN MARIA PUJALS
Conseller de Cultura de la Generalitat de Catalunya

The day André Villers showed him the technique of photograms, Antoni Clavé was still unaware of the history and tradition of this procedure. He did not know that turn-of- the-century photographic theorists had deemed it mere entertainment or a fanciful extravagance, or that scientists had spoken of its usefulness for X-rays. Nor was he familiar with the conceptual development photograms had undergone at the hands of Moholy-Nagy, who used them to reveal the optical unconscious of a new, objective gaze enabling the attaining of images inaccessible to the human eye, compositions of light that allowed for a for a metaphysics of its purity, or self-referential structures. Clavé, closer to the Dadaist than to the constructivist tradition, unknowingly followed in the wake of Man Ray's "les champs délicieux", of the contribution that chance made through his "rayogrammes". Once more, chance filled the artist's studio with an incitement to venture deep into its domain.

El día en que André Villers le enseñó la técnica de los fotogramas, Clavé desconocía la tradición y la historia de este procedimiento, que los teóricos de la fotografía finisecular consignaban en la categoría de divertimiento o de extravagancia fantástica, y los científicos en la de la utilidad radiográfica. Desconocía también el desarrollo conceptual que, impulsado por Moholy-Nagy, hacía del fotograma un método que despertaba el inconsciente óptico de una nueva mirada objetiva que permitía obtener imágenes inaccesibles al ojo humano, composiciones de luz que, en su pureza, permitían una metafísica, o estructuras autorreferenciales mágicas. Más cerca del bagaje dadaísta que del constructivista, Clavé conectaba, sin saberlo, con "les champs délicieux" de Man Ray, con la aportación que el azar vislumbraba a través de sus "rayogrammes". Una vez más, el azar impregnaba el taller del artista con una incitación a adentrarse en su propiedad y en su territorio.

THE INDIVIDUAL INSTANT EL INSTANTE INDIVIDUAL

Josep Miquel Garcia

*The artist charted his course by the accidental and the unknown, leading to a process of experimenting for which he had always felt a great enthusiasm. Doubt and curiosity, bound together. To photograph without a camera, without negatives.
The method which Clavé had used as a painter was suited to his interdisciplinary spirit: a spirit of searching and experimenting which was to enable him to develop, from the very beginning of his career, an approach to sculpture and works and, now, photography, that has proven particularly fruitful. In fact, Clavé's enriching way of inter-relating techniques has led to themes and stylistic solutions in a communicative process. Clavé does not treat works done in different media differently. He lets himself be carried along by a heterodox spirit and endless experiment. That's the way Clavé is; that's why the idea of "collage", of adding, is so present for him – collage as the sum of ideas and accidents sharing a given space over time and which add a gesture to colour and to*

**Fundamentaba el camino en el accidente y en lo desconocido, abría puertas a una experimentación que siempre lo había apasionado. La incertidumbre ligada a la curiosidad. Fotografiar sin cámara ni negativo.
El método de trabajo que había utilizado Antoni Clavé como pintor respondía a un espíritu interdisciplinar, de investigación y experimentación, que le permitió desarrollar, desde siempre, una aproximación prolífica también en el campo de la escultura y la obra gráfica y, ahora, de la fotografía.
De hecho, la relación que establece entre las técnicas provoca un enriquecimiento que aporta temas y soluciones estilísticas a un proceso comunicativo.
Clavé no diferencia la obra en función del procedimiento. Se deja llevar por un espíritu heterodoxo y una investigación continuada.
Siempre lo ha hecho así, y por eso se aviene tanto a la idea del collage, de la añadidura.
Del collage como suma de ideas y accidentes que se suceden en un espacio dado y que añaden el gesto al**

drawing, to the graffiti by which he unifies his painting, making them personal, calling attention to the details. This process of painting embodies a belief in accident as the genesis of composition, thus dignifying the decrepitude of the materials – tapestries, cardboard, newspapers, and packaging – and accentuating the textures and the use of painting in which colours are gestures – green and blue, black and earth colour – which define both backgrounds and figures, still lifes and spaces built of accumulated tones, light and shade, internal perspectives which offset one another, with balanced spaces.

In 1979 and 1980, Clavé became interested in photograms. A few years earlier, in 1975, he had already begun a related experiment in his paintings: by means of a deceptive technique he was to call "papiers froissés" (so named for the wrinkled appearance of canvases and papers which, once stretched, became cosmogonies of light and shadows), he had undertaken to sensitise the surfaces of his paintings. The graphic works from this period also manifest the process of discovery which he finds so attractive, whether in his large-scale canvases, lithographs, or even offset and Carborundum.

It is well known that Clavé is given to working on series. He comes across a theme, an iconography or a detail and he works on it and transforms it until he expresses its every variation and verisimilitude. He gets inside it; he enriches it; he finally makes it his own and adds it to his identifying sign, and he makes it his style, his property.

Such was the case with the "papiers froissés" and with the "instrument étranges" which Clavé created in 1976: a collection of nearly sculptural engravings, with wrought plates as objectual reliefs and constructive collages, with wooden attachments of organic texture, and balances composed of string and nails.

This meeting of tensions brought to Clavé's oeuvre a richness in qualities and an investigation of the expressive possibilities amidst the grain of the wood, the circles of the hooks on which the string was strung and the lines the strings traced.

Clavé's experience with engravings in the 1970s was considerable, especially as he designed the plates and personally supervised the whole process of their

color y al dibujo, a aquellos graffitis con los que unifica y personaliza sus pinturas, reclamando la atención sobre el detalle. Este proceso del pintar cree en el accidente como génesis de la composición, dignificando la decrepitud de la condición de los materiales, tapices, cartones, diarios o embalajes, y acentuando las texturas y el uso de una pintura gestualmente cromática, de rojos y azules, negros y tierras que perfilan tanto el fondo como las figuras, naturalezas muertas o espacios construidos por acumulación de tonalidades, luces y sombras, perspectivas internas que se compensan entre ellas, con equilibrios del espacio.

Las fechas de 1979 y 1980, cuando Clavé se interesa por la práctica de los fotogramas, conectan con la experimentación del trabajo pictórico sobre la sensibilización de la superficie de sus cuadros, que ya había desarrollado en 1975 a través de una técnica de engaño visual que denominaría "papiers froissés", en referencia a la apariencia arrugada de telas y papeles que, una vez tensados, se convertían en una cosmogonía de luces y sombras. Podemos, en la obra gráfica de este período, apreciar también esta correspondencia de ese descubrimiento que tanto lo atrae, ya a través del gran formato de las telas que pinta, ya en las litografías, el "offset" e, incluso, el carborundo.

Como se sabe, Clavé usa a menudo el criterio de las series en su trabajo. Descubre un tema, una iconografía o un detalle y lo analiza y lo transforma hasta llegar a expresar todas sus variantes y verosimilitudes. Se adentra en él y lo enriquece, hasta hacerlo suyo y añadirlo a la identificación de su signo, y hace de él estilo y propiedad.

Así ocurrió con los "papiers froissés" y con los "instruments étranges" que realizara en 1976, un conjunto de obras grabadas de proximidad escultórica, con planchas trabajadas como relieves objetuales o colages constructivos, con uniones de maderas de textura orgánica, y equilibrios realizados con cordeles y clavos. Este encuentro de tensiones aportaba una riqueza de cualidades y una investigación de posibilidades expresivas entre las vetas de la madera, los círculos de las agujas que sujetan los cordeles, y las líneas de su recorrido.

*making, as well as the first engraving proofs.
This degree of technical mastery is similar to that
which photograms entail as a technique.
As Clavé was already used to dipping plates in trays
of acids and controlling the time needed to get the
right proportion of the quality of the metals and other
materials with which he created the matrices for
his engravings, he must have felt quite comfortable
handling photographic paper and achieving visual
creations which were shaped by the effect of light itself.
Light, both fundamental and basic for Clavé's
photograms, took on the role played by white in his
engravings, and by the reservoir of clarity
which chalcographic paper had brought to the
compositions he created.
In seeing one of Clavé's engraving plates one is able to
guess how he works. They often seem truly original
works; in some cases, such as that of the "Instruments
Étranges" series, he has transformed them into unique
works, at once sculptures and paintings. His close,
hands-on contact with the physical process of making
the plates is the key to an understanding of his
photograms. Clavé came to consider them "monotypes";
to create them, he made matrices out of different
object and materials which he worked with
and arranged before exposing them to light and thus
capturing their image on paper. In themselves, these
matrices are also original works or fragments,
to which Clavé adds an element made possible by
photography: the fact of drawing with light.
This individual instant in which the impact of light fixes
images on paper has also enabled him to work quickly,
thus incorporating the artist's expressive gesture
or altering compositions and so triggering accidents
and new forms. Clavé is very keen to know just how
far down this path he can go. Clavé's encounter with
photograms is, at the very least, impassioned.
He gave his time and concentration to his experiments
with this technique until he no longer felt a need to put
it into practice. He had fully analysed new territory
and, once it was revealed, he set it aside in his studio.
The series of photograms, less than seventy in all, had
not been seen by the public before this exhibition was
staged: they were in the artist's studio, filed away with*

**Su experiencia en el terreno de la obra grabada era,
por aquellos años sesenta, considerable.
Más aún si tenemos en cuenta que Clavé realiza y sigue
personalmente todo el procedimiento de creación
de las planchas y las primeras pruebas estampadas.
Este dominio técnico no se halla alejado de los
fotogramas. Acostumbrado como estaba a sumergir las
planchas en cubetas de ácido y a controlar el tiempo
necesario para encontrar la proporción exacta de la
calidad de los metales o de los materiales diversos
con los que creaba las matrices de sus grabados, no le
resultaba extraño en absoluto manipular papeles
–ahora fotográficos– y creaciones plásticas que
contrastaba al efecto de la luz. La luz, fundamental y
básica para sus fotogramas, correspondía ahora
al blanco de sus grabados, a la reserva que aportaba el
papel cartográfico a la composición creada.
Es necesario haber visto una plancha de un grabado de
Clavé para intuir su método de trabajo.
A menudo parecen realmente obras originales y, en
algunos casos, como en la serie de los "instruments
étranges", las ha transformado en piezas únicas, de
carácter escultopictórico. Esta convivencia con
la construcción de las planchas se revela fundamental
para comprender sus fotogramas.
Clavé llega a entenderlos como "monotipos" y, para
crearlos, realiza matrices con objetos diversos y
materiales que manipula y ensambla hasta exponerlos
a la luz y a la captación de su imagen sobre el papel.
Estas matrices son también, en sí mismas, obras
originales o fragmentos, a los que añade un aditivo que
sólo la fotografía permite: dibujar con la luz.
Este instante individual, en el que el impacto luminoso
detiene las imágenes sobre el papel, permitía, además,
intervenir con rapidez, incorporando el gesto expresivo
del artista o alterando las composiciones, provocando
accidentes y nuevas formas. Clavé se apasiona por
saber hasta dónde puede llegar ese camino.
Su encuentro con los fotogramas es, como mínimo,
apasionado. Aplica el tiempo a la concentración
de investigar en él hasta que abandona su práctica.
Analiza de lleno este nuevo territorio que, una vez
desvelado, guarda en la memoria de su taller.
La serie de fotogramas, delimitada con no más de**

other works. The fact that the artist set them aside
does not mean that he had forgotten them.
Clavé is always accumulating ideas and projects which
he prevents from ripening, only to find that time
itself has set the process of ripening off again: he then
revitalises and revises them.
The idea of drawing is somehow present in the act of
making photograms. A monochrome work, better
defined in scale, more readily subject to immediate
action. Clavé, a virtuoso draughtsman, has always
striven to make use of this skill in other ways,
by balancing textures and smudges where the drawn
line and artist's movement are deployed with precision
and seeming chance. These photograms are works
drawn with light, produced by means of an little-known
mechanism which allows for considerable
experimentation and doubt.
The photograms may also enable the prefiguring
of "instruments" and evocations of constructions
made of taught string and stretched canvases.
Yet photography has allowed him to work with a widen
the range of shades between black and white
to a spectral point, magic by definition, a point of
uncertainty that chance closes and fixes.
These exercises' effects conserve the iconography of
Clavé's paintings and engravings. They recreate
surfaces with traces and marks, gloves and splinters,
circled signs, hands and imprints, graffiti. Yet they also
lead in unexpected directions. They lead approaches
he had never worked from with before. A selective
gesture, a sign, of painted calligraphy, as though a trail
of light were painting by illuminating the darkness
of an intense black, a cosmological dripping away
of contrasting galaxies and accentuated, explosive
trickles, full of expressivity and action for its own sake.
A direct and unusual filling of the painting's primordial
surface, taking action to the limit of its possibilities,
staining the background by contrast with the painted
light. An abstract expressionist Clavé, revealing his
gestual quality without resort to colours and textures,
letting himself be carried away by the activity
of drawing painted lines on a material that fixes and
freezes the image: a photograph of painting
and a representation of action.

setenta imágenes, permaneció hasta esta exposición
–que resulta inédita– encarpetada con otros trabajos en
el estudio. Que la guarde no significa que la olvide.
Clavé acumula constantemente ideas y proyectos
que preserva de una maduración que el tiempo retoma
posteriormente, para revitalizarlos y revisarlos.
La idea del dibujo no está lejos de los fotogramas.
Una intervención monocroma, de escala más
dimensionada, más al alcance de una acción inmediata.
Aunque el dibujo sea virtuoso, ha procurado siempre
que este dominio se manifieste de una forma diferente,
equilibrando texturas y manchas allí donde el trazo y el
gesto se formulan con exactitud y con verosimilitud
del azar. Estos fotogramas son composiciones dibujadas
con la luz, un mecanismo desconocido que vislumbra
un campo de experimentación e incertidumbre.
Los fotogramas pueden, también, prefigurar
"instrumentos" y evocaciones de construcciones con
cordeles tensos y tejidos tramados. La fotografía le
permite, sin embargo, ampliar la gama cromática que
va del blanco al negro en un punto espectral de
definición mágica, de incertidumbre de un resultado
que el azar cierra y fija.
Los efectos de estos ejercicios conservan, por una
parte, la iconografía de sus pinturas y grabados.
Recrean superficies con rastros y señales, guantes y
aristas, signos circundados, manos y huellas, grafitos.
Abren también caminos inesperados. Orientaciones
que nunca antes había sondeado...
Un tachismo gestual y simbólico, de caligrafías
pictóricas, como si el rastro de la luz pintase
iluminando la oscuridad del negro intenso, un goteo
cosmológico de galaxias contrastadas y unos regueros
acentuados y explosivos, llenos de expresividad y
accionismo. Una ocupación de la superficie pictórica
primigenia, directa e inusual, sin rectificación posible,
llevando la acción al límite de sus posibilidades,
manchando el fondo por contraste con la luz pintada.
Un Clavé expresionista abstracto, que se manifiesta
gestual sin los argumentos de los colores y las
texturas, que se deja ir lejos en el dibujo de las líneas
pintadas sobre un soporte que congela y detiene
la imagen, convirtiéndose en fotografía de la pintura
y accionismo representado.